CRENTE BOM É CRENTE MORTO

IVAN BUENO

CRENTE BOM É CRENTE MORTO

Matando o medo e o luto, morrendo para viver e sonhando com a eternidade!

São Paulo, 2025

Crente bom é crente morto
Copyright © 2025 by Ivan Bueno
Copyright © 2025 by Novo Século Editora Ltda.

Editor: Luiz Vasconcelos
Coordenação editorial: Silvia Segóvia
Preparação: Deborah Stafussi
Revisão: Andrea Bassoto
           Silvia Segóvia
Diagramação: Vanúcia Santos
Capa: Dimitry Uziel

Texto de acordo com as normas do Novo Acordo Ortográfico da Língua Portuguesa (1990), em vigor desde 1o de janeiro de 2009.

Dados Internacionais de Catalogação na Publicação (CIP)
Angélica Ilacqua CRB-8/7057

Bueno, Ivan
   Crente bom é crente morto : matando o medo e o luto, morrendo para viver e sonhando com a eternidade / Ivan Bueno. — Barueri, SP : Ágape, 2025.
   128 p.

ISBN 978-65-5724-155-4

1. Espiritualidade 2. Luto 3. Vida cristã I. Título

25-1040   CDD 248.4

Alameda Araguaia, 2190 – Bloco A – 11o andar – Conjunto 1111 CEP 06455-000 – Alphaville Industrial, Barueri – SP – Brasil
Tel.: (11) 3699-7107 | E-mail: atendimento@gruponovoseculo.com.br
www.gruponovoseculo.com.br

AGRADECIMENTOS

Ao Deus Pai, Filho e amigo Espírito Santo, toda a minha gratidão pelo privilégio do chamado. Não mereço e nunca vou merecer tanta graça sobre minha vida. Toda glória e toda honra ao Seu santo nome!

Agradeço a minha esposa, Sulamita, por sempre me apoiar e me incentivar, e ao meu filho, Wesley. Vocês são o meu maior ministério.

Aos amigos companheiros de jornada que me incentivaram a escrever este livro, em especial ao Tiago Pereira e João Neto, que foram grandes apoiadores e intercessores desta obra.

Agradeço aos meus pastores, Sinésio e Liane Silva, que são uma inspiração para todos e que reconhecem e apoiam minha trajetória ministerial.

PREFÁCIO

A primeira vez que li o título deste livro confesso que fui imediatamente confrontado. Mas à medida que mergulhei nas páginas que se seguem, percebi que a provocação do título não é apenas intencional, mas profundamente necessária.

Este livro é um convite – ou melhor, um chamado – à morte. Não a morte física, mas a morte que Jesus tanto nos ensinou: morrer para nós mesmos, para o pecado, para as vaidades e para os medos que nos paralisam. Crente bom é crente morto porque somente quem morre para este mundo consegue viver verdadeiramente para Cristo. E quem vive para Cristo não teme a morte, encara o luto com fé e sonha com a eternidade.

Ivan Bueno, com coragem e amor, compartilha experiências reais, marcas profundas e milagres incontestáveis. Suas palavras não são apenas reflexões; são testemunhos vivos do poder de Deus no vale da dor. Este não é um livro sobre a morte. É um livro sobre a vida – a vida que começa quando aprendemos a entregar tudo a Deus, inclusive o que mais tememos perder.

Prepare-se para ser confrontado, consolado e edificado. E, ao virar a última página, que você possa declarar como o apóstolo Paulo: "Já estou crucificado com Cristo; e vivo, não mais eu, mas Cristo vive em mim".

Com respeito, admiração e esperança,

Pr. Michel Simplício
Pastor e escritor

DEPOIMENTOS

Crente bom é crente morto. À primeira vista, essas palavras podem soar duras, quase incompreensíveis, como se carregassem um peso que foge ao entendimento imediato. Mas é exatamente esse choque e misto de emoções que o pastor Ivan Bueno nos propõe: um convite a olhar para o coração e refletir profundamente sobre o que significa viver e morrer em Cristo. Este livro nos transporta a uma mesa de diálogo para entendermos que, por mais paradoxal que pareça, a morte, e não a vida, é o caminho para a verdadeira transformação espiritual.

Ao virar cada página, o escritor nos chama à reflexão, especialmente para aqueles que atravessam o sofrimento do luto. Ele sabe que a dor da perda é uma das experiências mais intensas e solitárias que alguém pode viver, e é a partir dessa dor que a verdadeira graça de Deus pode se manifestar. Por meio de suas palavras sensíveis e acolhedoras, ele nos guia em direção a um novo olhar sobre a morte, não como um fim, mas como uma oportunidade de renovação e reconciliação com a vida em Cristo. O livro oferece consolo aos corações enlutados, ajudando aqueles que perderam entes queridos a enxergarem, mesmo na dor, a luz da esperança que vem da graça divina.

O que se segue não é apenas um conforto para os que estão de luto, mas uma mensagem profunda para todos os cristãos. Pois, como o próprio autor nos ensina, a verdadeira vida em Cristo só é possível quando morremos para as nossas próprias vontades, quando deixamos para trás tudo o que nos impede de viver uma fé plena. Este livro é, assim, uma convocação para todos nós, que estamos em processo de crescimento espiritual, a refletir sobre as muitas mortes que enfrentamos, não apenas a física, mas as pequenas mortes diárias que exigem sacrifício e rendição.

Que, assim como eu, você se permita ser tocado por estas palavras. Que este livro seja um farol de luz nos momentos de escuridão, uma fonte de consolo para os corações enlutados, e uma chamada ao crescimento espiritual para todos nós. Pois, no fim, a morte que este livro nos propõe é a mesma que traz verdadeira vida, a vida abundante que só pode ser vivida quando morremos para nós mesmos e deixamos Cristo viver plenamente em nós.

Phellipe Barcellos
Pastor e professor de Teologia

A dor da perda nos faz encarar a eternidade de um jeito que poucos estão preparados. Quando vivemos a despedida de alguém que amamos, as certezas se misturam com os questionamentos, e o coração aprende que confiar em Deus é um ato diário de entrega.

No dia 29 de janeiro de 2024, nossa vida mudou para sempre. Depois de nove meses de espera, cheios de sonhos e expectativas, tivemos que nos despedir do nosso filho, Levi, no dia do seu nascimento. O que deveria ser um dos momentos mais felizes da nossa história se tornou um dos mais dolorosos. O tempo pareceu parar, e fomos lançados em um lugar onde nenhuma palavra poderia nos consolar.

Mas foi ali, no meio da dor e do luto, que experimentamos a verdade mais profunda do Evangelho: Jesus nunca nos deixa sozinhos. O céu, que antes era uma promessa distante, tornou-se nosso maior consolo. A eternidade passou a ter nome, rosto e significado. Nossa fé foi desafiada, mas também fortalecida. Descobrimos que a dor não precisa ser o fim, mas pode ser um caminho de transformação quando nos agarramos à esperança que vem de Deus.

Este livro fala sobre luto, mas, acima de tudo, fala sobre vida. Sobre como a fé pode nos sustentar nos momentos mais difíceis e nos ensinar a caminhar com os olhos fixos no que realmente importa. Se você carrega a dor de uma perda ou o medo do que está por vir, queremos que saiba: Deus continua escrevendo sua história. A eternidade é uma promessa e há esperança para aqueles que confiam n'Ele.

E mais do que isso, Deus é especialista em transformar luto em festa. Exatamente nove meses após a nossa perda, Jesus nos concedeu a dupla honra. De forma totalmente natural, sem qualquer inseminação artificial, sem histórico de gêmeos na nossa família, fomos surpreendidos com a notícia de que seríamos pais novamente – e dessa vez de gêmeos! Isaac e Isabel estão previstos para nascer na metade de 2025, como um testemunho vivo da fidelidade de Deus.

A jornada da dor até o milagre nos ensinou que o Senhor não apenas enxuga nossas lágrimas, mas as transforma em testemunhos. Que esta leitura fortaleça sua fé e lembre você de que, em Cristo, sempre há esperança – e a última palavra vem d'Ele.

Com carinho,

Thiago Lima
Escritor, empresário e criador de conteúdo digital
e Karine Carrijo
Influenciadora digital e empresária

INTRODUÇÃO

Caro leitor, este livro nasceu depois de muitas mortes!

No momento em que eu estava escrevendo, Deus me disse que Ele levaria mais uma flor do meu jardim. Assim aconteceu, o décimo quinto familiar foi recolhido para o Senhor. Em poucos anos, vi a morte de perto: pai, mãe, avós, primos, tios e tias. A foto da família virou recordação da esperança do reencontro, porém, para que isso aconteça, cada um deve viver dignamente, combater o bom combate, completar a carreira e guardar a fé.

A morte tentou contra a minha vida por três vezes, uma quando ainda adolescente, em um assalto, quando bandidos invadiram o mercado do meu padrasto. Milagrosamente, eles desistiram do ato e saíram correndo sem qualquer explicação. A segunda vez, aos 25 anos, quando tive um infarto; fui levado do trabalho às pressas para o hospital, pois meu coração parecia que ia explodir. Depois da internação, os exames foram feitos e nada foi constatado. Não entendi muito bem, nem o médico, o que aconteceu. No entanto, recentemente, o Senhor me disse por meio de uma mulher de Deus, em uma cidade do interior em que preguei, ela não me conhecia e eu nunca a tinha visto, mas o Senhor, sim, e suas palavras foram: "Eu te livrei da morte, te dei um novo coração".

A terceira vez foi em 2021, quando passamos pela pandemia de Covid-19. Foi um tempo extremamente difícil, pois perdemos muitas pessoas – amigos, irmãos e parentes. Fiquei muito doente na época, no mesmo período em que meu tio Jandir, o qual Jesus recolheu. Com os pulmões comprometidos, eu fiz quatro tratamentos com antibióticos e nada me curava. Fiquei sem força alguma até mesmo para dar poucos passos; a situação era realmente crítica. Mas, após uma oração fervorosa, depois de chorar e pedir socorro ao Senhor, Ele me curou no meio da madrugada.

Certamente, Deus me livrou da morte para falar sobre ela, me fez passar pelo luto, várias vezes, para ser instrumento de consolo. Fez-me olhar para a eternidade, morrer em vida, para que Cristo viva em mim. Resta, somente, ser grato por tudo o que vivi até aqui.

Esta obra não nasceu do acaso ou de uma ideia, mas de um ministério, um chamado de Deus para minha vida! Nasceu quando o Senhor abriu os meus olhos e enxerguei que o melhor púlpito era ao lado de uma caixa de madeira, com um corpo morto, declarando vida aos ouvintes.

Compartilho sobre o luto, o medo da morte, a eternidade e, principalmente, a vida em Cristo. Esta, no entanto, para acontecer, é necessário morrer antes que a morte nos alcance. Além de contar minhas perdas e experiências, a finalidade é que você morra em vida, também, ao ler este livro.

Acredita-se que o momento do nascimento é o momento mais estressante que uma pessoa pode sofrer durante toda a sua vida. O bebê está tranquilo e bem acomodado, totalmente adaptado à vida intrauterina, na barriga da sua mãe. Mas, ao chegar o momento de sair desse lugar seguro, ele sente-se angustiado, está sendo forçado a sair e abandonar o seu conforto, mas ele não sabe o que está acontecendo, sente muito medo. Está sendo impulsionado para o desconhecido. Se o bebê soubesse o que lhe aguarda do lado de fora, que em poucos segundos estará totalmente seguro e confortável nos braços de sua mãe, recebendo todo amor e cuidado, tudo seria diferente.

A morte é similar ao nosso nascimento. Uma grande angústia invade quando ela chega, o medo toma conta porque não sabemos o que acontecerá. Para muitos, pode ser o pior momento da vida, está tudo acabando e não há esperança sobre para onde ir. Se soubéssemos que, no outro mundo, braços abertos de amor nos aguardam para desfrutar de alegria eterna, seria muito diferente!

Para quem tem Jesus, o ama e vive para sua glória, esse momento é o mais lindo possível, cheio de paz e tranquilidade. A pessoa está pronta para morrer, para viver eternamente em um lugar que ela não conhece, mas sabe que não há lugar melhor!

Eu já acompanhei a partida de algumas pessoas, sei do que estou falando. Vi meu padrasto com os olhos brilhando, com uma alegria radiante antes de partir. Vi minha mãe morrer em meus braços, com uma paz que excede qualquer entendimento; vi meu avô sorrindo e ainda brincando, deitado em uma cama de hospital; vi minha tia Bia acamada, sendo instrumento de Deus para todos nós.

Se soubéssemos o que nos aguarda, se pudéssemos compreender melhor o que é o céu, o que está nos esperando, pediríamos todos os dias para que Jesus venha nos buscar de uma vez. Mas, enquanto isso, viveremos falecendo para nossa carne e nosso mundo, buscando as coisas do alto, para declarar aqui na Terra, até Ele vir: "Eu sou o caminho, a verdade e a vida" (Jo 14:6 – ACF).

Quando alguém parte, sua história não acaba, mas é traduzida para um idioma melhor e levada para viver no palco da eternidade. A saída de cena de cada um tem vários roteiros, alguns pela doença, outros por violência, guerras, catástrofes, outros pela idade avançada. No entanto todos entram em um novo capítulo, e dessa cena ninguém poderá ser retirado, pois nada pode arrancá-los do último palco, chamado eternidade.

Contudo a forma como vivemos nesta terra definirá onde estaremos nesse mundo por vir – no alto ou no abismo.

> *"Queremos chegar ao reino de Deus, mas não queremos percorrer o caminho da morte. E ainda assim a Necessidade está dizendo: 'Por aqui, por favor'. Não hesite, homem, em seguir este caminho, quando este é o caminho pelo qual Deus veio até você."*
>
> Santo Agostinho

Capítulo 1

MATANDO O MEDO

Tememos aquilo que não compreendemos, mas o paradoxo está em que, quando você aceita o fato da morte, fica livre para viver!

> *"A única coisa que a morte pode fazer a um cristão é aproximá-lo de Cristo."*
> Billy Graham

Somente quem viveu ou vive o luto sabe o quanto falar sobre isso é, muitas vezes, um assombro à nossa mente. E um assunto tão espinhoso como esse deve ser falado com todo cuidado, jamais de forma indelicada e desrespeitosa, muito menos desesperadora. Portanto, minha intenção é falar daquilo que vivo, das minhas experiências, a fim de poder auxiliar a todos os leitores para que seus corações possam achar, de certa forma, descanso e esperança.

Quando comecei a trabalhar nesta obra, procurei materiais de pesquisa e literatura que pudessem enriquecer este livro. Porém, para o meu espanto, tive pouco êxito. Realmente, este assunto é um dos mais misteriosos do mundo.

Conforme pesquisa feita pelo G1 em 2018,[1] o brasileiro não gosta de falar sobre a morte e não se prepara para o momento. O estudo revela que, para 73% das pessoas, falar sobre a morte é um tabu. E, também, que o maior medo dos entrevistados é perder alguém, mais do que sua própria morte.

Vejamos alguns dados:

- 82,4% dos brasileiros acham que não têm nada mais sofrido que a dor da perda de alguém;
- 79% acham que nunca é a hora certa;
- 63% acham que a tristeza está associada à morte;
- 48,6% não estão prontos para lidar com a morte de outra pessoa;
- 30% têm muito medo de morrer;
- 30,4% não sabem como ou com quem falar sobre morte;
- 10% acreditam que falar sobre atrai a morte.

Percebemos que o assunto realmente é muito delicado, ao ponto de, muitas vezes, ser ignorado.

---

1. COELHO, Tatiana. Brasileiro não gosta de falar sobre morte e não se prepara para o momento, revela pesquisa. *Portal G1*, Bem Estar, São Paulo, 26 set. 2018. Disponível em: https://g1.globo.com/bemestar/noticia/2018/09/26/brasileiro-nao-gosta-de-falar-sobre-morte-e-nao-se-prepara-para-o-momento-revela-pesquisa.ghtml. Acesso em: 1º fev. 2025.

Alguns batem na madeira ou preferem fugir do tema. Muitas pessoas evitam falar sobre o luto porque ele envolve a dor da perda e o desconforto emocional que essa experiência traz. A seguir estão algumas razões comuns para isso.

1. **Medo de enfrentar emoções**: o luto revisita sentimentos profundos de tristeza, dor e vulnerabilidade. Muitas pessoas preferem evitar essas emoções, especialmente em conversas, porque podem ser difíceis de lidar ou de expressar.
2. **Tabu cultural**: em muitas culturas, a morte é um assunto delicado, visto como algo negativo ou assustador. Isso cria um ambiente em que falar sobre o luto pode parecer inapropriado ou indesejado.
3. **Falta de familiaridade**: algumas pessoas simplesmente não sabem como abordar o tema de forma sensível, e o receio de dizer algo errado ou aumentar a dor do outro as impede de iniciar uma conversa.
4. **Medo de reviver a perda**: para aqueles que já passaram pelo luto, falar sobre isso pode reabrir feridas antigas, trazendo novamente à tona o sofrimento que tentam superar.

5. **Desconforto com a impotência**: a morte é algo que não pode ser controlado, e isso gera um senso de impotência. Falar sobre o luto pode lembrar as pessoas dessa falta de controle sobre a vida.
6. **Pressão social para "seguir em frente"**: há uma expectativa social, em algumas culturas, de que as pessoas devem "superar" o luto rapidamente. Isso pode fazer com que o enlutado sinta que falar sobre a perda é um sinal de fraqueza ou algo indesejado.
7. **Associação com medo da morte**: falar sobre o luto pode lembrar as pessoas de sua própria mortalidade, um pensamento que muitos preferem evitar.

Mas, em alguns momentos da nossa vida, é inevitável que o assunto apareça, principalmente em velórios. Esse ambiente coloca-nos a pensar sobre a vida, o grande mistério que é a vida e a morte. Eu já fiz inúmeros velórios, sou conhecido em nossa igreja como o "pastor dos velórios", porque geralmente sou eu que os faço. Lembro que, no início, esse momento era de muita tensão para mim. Pois, assim que eu recebia uma ligação ou uma mensagem, ficava nervoso só de pensar que, no dia seguinte, teria que realizar essa difícil tarefa.

As perguntas sempre vinham em minha mente: como será? Será que vai ter muito desespero? Será que as pessoas estarão receptivas à palavra que será ministrada? Será que haverá brigas entre familiares? (Isso já aconteceu). Lembro-me de certa vez em que um homem falecido tinha duas famílias. Imaginem a bagunça que tive que enfrentar.

Cada velório é sempre peculiar. Mas, com o passar do tempo, após inúmeros velórios, acabei tendo uma boa percepção desse momento. Minha angústia que antecedia cada velório foi deixada de lado para um sentimento de missão que foi designada por Deus, para levar uma mensagem de esperança a todos os ouvintes. Atualmente, faço isso de uma determinada maneira, e, não me entenda mal, com prazer. O prazer é realmente o de levar alento aos entes queridos, levar um abraço e, principalmente, as mensagens de Cristo Jesus, que trazem esperança.

Talvez você não imagine o quão importante é quando estamos junto das pessoas que perdem alguém, sem precisar falar nada, somente pelo simples fato de estar lá, ou um abraço já é suficiente para as pessoas sentirem um pouco de conforto. Pois é para isso que somos chamados de filhos de um mesmo pai, afinal, somos uma família. Deus nos criou para vivermos em unidade, quando um cai o outro está perto para levantá-lo. Como diz o texto: "Porque se um cair, o outro levanta o seu companheiro; mas ai do que estiver só; pois, caindo, não haverá outro que o levante" (Ec 4:10 – ACF).

Nos dias atuais, quando recebo um convite para a tarefa de fazer um ato fúnebre, sou tomado de um misto de sentimentos, como se Deus estivesse me dizendo: "Ivan, tenho uma grande missão para você". É uma mistura de tristeza e alegria, pois sempre fico triste por uma perda.

Sempre me vem à memória as tantas perdas de familiares que já tive. Já fiz velórios em que chorei mais do que as pessoas que estão velando seus familiares. Lembro-me muito bem disso, pois foi logo após eu perder um tio muito amado. Foi uma das piores perdas que já tive, pois ele era como um pai para mim, era a pessoa que me inspirava; eu sempre quis ser como ele, e, repentinamente, o perdemos, mas só por um momento, é claro, uma vez que logo estaremos juntos.

Mas a alegria vem, porque estou levando a mensagem mais poderosa do mundo; estou carregando palavras que podem mudar tudo. Essas palavras são alento, esperança de que não é o fim, e, sim, apenas o começo. **A mensagem da cruz é uma mensagem do Deus que morreu nela; é sobre o Deus que venceu a morte e nos garante vida por meio do Seu ato voluntário.** Então, sou tomado de autoridade, pois estamos no momento de morte, em um velório, mas anunciando a vida, a vida eterna, que está disposta a todos que creem no Cristo que morreu, mas ressuscitou e está vivo para todo o sempre! Aleluias!

O TERROR DOS MEDOS

> *"Para o cristão, a morte é o fim das dificuldades, o fim dos pecados, o fim das tentações, o fim dos inimigos."*
>
> John Bunyan

A morte é um mistério. Ninguém sabe ao certo o que acontece depois que morremos. Esse desconhecimento gera insegurança e medo, pois somos naturalmente atraídos pela busca de respostas claras e compreensíveis para as questões importantes da vida. Contudo, o Evangelho tem a resposta para o maior questionamento da Terra nas Sagradas

Escrituras. Após a morte vem a vida! A vida eterna com Cristo.

Pois bem, convido o leitor a refletir sobre algumas questões: será que realmente a nossa vida se resume a este plano apenas? Será que há algo a mais? Nascemos, crescemos, vivemos e morremos. Será que é só isso?

O nascimento de bebês já é um milagre. Pense um pouco; geramos outras vidas em nós, no caso, o sexo feminino. No início, o feto tem o tamanho de um feijão, que vai crescendo, tomando forma. Aos nove meses, o milagre se completa. Após o nascimento, é preciso todo o cuidado e a amamentação da mãe, ou seja, dependência total. Nascemos dependentes e morremos dependentes.

A idade avançada também requer muitos cuidados. Eu mesmo já vivi a experiência de cuidar de duas pessoas no fim da sua vida. A sensação é de que nos tornamos bebês novamente. Essa dependência, na verdade, percorre toda a nossa vida, pois precisamos uns dos outros, fomos criados para isso. Deus falou que não é bom que o homem viva só, então criou a mulher; com a mulher vieram os filhos, e estes se multiplicaram.

A Bíblia trata muito sobre comunhão, pois Deus ama o Seu povo reunido, e a igreja é isso. Cheia de pessoas diferentes em vários aspectos, mas unidas por uma necessidade de estarem perto de outras pessoas com o mesmo objetivo. Na igreja, temos algo em comum: Cristo, o cabeça da igreja, o sumo sacerdote. Cristo nos une com um propósito: viver para a sua glória, amando a Deus e ao próximo como a nós mesmos. Isso é comunhão! Faz parte do DNA de um filho de Deus que sabe que Ele deu a vida para todos, de igual forma e com o mesmo amor.

Quando falamos sobre a morte, é inevitável que perguntas, dúvidas, ecoem em nós, como também as respostas. Respostas racionais, lógicas, das quais podemos desfrutar. E é isso que estou fazendo ao escrever este livro.

Por que este assunto é um desconforto, sendo ele um processo natural da nossa existência? Se é natural e todos concordam com isso, a morte é inevitável e acontecerá com todos. Ela é tão natural como acordarmos pela manhã, dormirmos à noite, nos alimentarmos, abraçarmos, nascermos, amarmos, sofrermos. Mas, quando chega esse momento, nunca estamos preparados para ele, e não nos acostumamos com esse fim.

No Brasil, não temos a pena de morte, mas, pense comigo: todos nós já estamos condenados a ela; é a única estatística que é 100% exata, sem erros para mais ou para menos, ou seja, 100% dos que nascem vão morrer um dia. Sem diferenças se se é rico ou pobre, branco ou negro, se tem uma posição social elevada ou não. Nada disso importa na hora da morte, e ela chega para todos.

Claro, existem aqueles que querem de certa forma "maquiar" ou florear esse assunto, dizendo: "Eu não tenho medo da morte". Há também os ateus, que julgam a nós cristãos, dizendo que queremos trazer terror sobre o tema, que aterrorizamos quando falamos sobre isso, quando, na verdade, é o contrário. Pois queremos anunciar justamente que tem vida após a morte.

De Gênesis a Apocalipse, a Bíblia faz referências à vida após a morte. Para os patriarcas, morrer era voltar para casa, "recolhido ao seu povo" (Gn 35:29 – ACF).

O texto, a partir do versículo 16, relata a morte de Raquel quando concebeu seu filho Benjamim. Algo muito intrigante aconteceu e acontece ainda nos nossos dias: no momento da vida acontece a morte. Isso aconteceu no relato bíblico e acontece nos dias atuais: a mãe que gera a vida dentro de si e, quando ela se completa, após os nove meses, quem lhe gerou morre. Raquel morre, Benjamim nasce, o propósito foi concluído.

Quando o seu pai Jacó morreu, com 180 anos, e o texto diz que ele foi reunido ao seu povo, trata-se de que povo? O povo de Deus que já tinha vencido a morte e estava vivo com seu Senhor.

O grande rei Davi, quando perdeu seu filho com Bate-Seba, entrou em uma profunda crise. Então, ele declarou: "Porém, agora que está morta, por que jejuaria eu? Poderei eu fazê-la voltar? Eu irei a ela, porém ela não voltará para mim" (2 Sm 12:23 – ACF).

Davi sabiamente nos diz que a morte não é fim de todas as coisas, "Eu irei a ela, porém ela não voltará para mim". Ele estava falando sobre a eternidade. Salomão, filho e sucessor de Davi, disse que os bens desta terra não passavam de vaidade. Observamos, então, a sua preocupação com o que é eterno.

> *"Antes que se rompa o cordão de prata, e se quebre o copo de ouro, e se despedace o cântaro junto à fonte, e se quebre a roda junto ao poço, e o pó volte à terra, como o era, e o espírito volte a Deus, que o deu. Vaidade de vaidades, diz o pregador, tudo é vaidade." (Eclesiastes 12:6-8 – ACF).*

Já no Novo Testamento, fica ainda mais clara a história do rico e Lázaro.

> *"E aconteceu que o mendigo morreu, e foi levado pelos anjos para o seio de Abraão; e morreu também o rico, e foi sepultado. E no inferno, ergueu os olhos, estando em tormentos, e viu ao longe Abraão, e Lázaro no seu seio. E, clamando, disse: Pai Abraão, tem misericórdia de mim, e manda a Lázaro, que molhe na água a ponta do seu dedo e me refresque a língua, porque estou atormentado nesta chama." (Lucas 16:22-24 - ACF).*

A morte chegará para o justo e o injusto, mas o seu destino será diferente de um para o outro, ainda que muitos que não temem morrerão. Quando de fato este momento está chegando, a situação muda; quando uma doença terminal acomete tal pessoa ou ela está num avião caindo, "aí o caldo engrossa". Quando alguém já esteve cara a cara com a morte, sabe o sentimento de medo que isso causa. Imagine um terrível acidente de carro no qual você viu a morte de perto ou que já passou pela experiência de ter uma arma apontada para si. Nesses momentos, ouve-se o clamor: "Socorro, Deus!".

Isso porque nosso instinto de sobrevivência fala mais alto, no qual há somente um pensamento possível, a salvação! Nos piores momentos, gritamos para sermos salvos. Mas salvos por quem? Pois somente um milagre pode resolver, e milagre significa algo sobrenatural. Então, somente uma ação de Deus pode resolver. Porque Ele transcende a naturalidade, Ele é um Deus sobrenatural, um Deus que faz milagres. É por isso que esse instinto clama ao seu criador, mesmo que tenha passado a vida toda não acreditando n'Ele.

Agora, imagine se você pudesse "viver salvo", ou seja, se pudesse ter a garantia de que, quando a morte chegar, você não precisará se preocupar com ela, pois você sabe qual é o seu próximo destino, e melhor, esse destino é inimaginável e infinitamente superior ao que estamos vivendo aqui, neste plano.

No entanto, a pergunta a que quero instigá-lo é: de onde vem esse instinto de sobrevivência, esse medo que antecede o perigo, quando estamos prestes a chocar nosso carro contra outro, ou quando recebemos uma notícia de um câncer, ou quando ficamos chocados quando alguém falece? Ora, se nascemos para morrer e esse processo é natural, pois todos passarão por isso, por que encontramos essa desconformidade, esse processo ao qual nunca nos acostumamos?

Existe em nós um anseio para um destino que ainda não conhecemos. Você deve concordar comigo que todos querem ficar bem, viver bem, felizes, desfrutando do melhor sempre. Sabe aqueles lampejos de alegria nesta vida, quando estamos reunidos com todos da nossa família em um churrasco ou quando estamos viajando de férias? Quando recebemos a notícia de que seremos papais ou vovôs? Esses momentos são *flashes*, muitas vezes, **pois a vida é feita de dores.** Mas existe um anseio em nós por viver esses momentos de alegria sempre, a todo momento. Parece que somos puxados e desejosos por viver plenamente; a nossa alma clama por isso, por alegria, por viver em paz. Parece que tem algo em nós clamando constantemente por plenitude, em busca da felicidade sempre!

Nosso instinto de sobrevivência está clamando por retorno à nossa origem. Viemos do Senhor, do nosso criador, e ansiamos por estar perto d'Ele, pois Ele originou a vida que temos como também nos convida a viver eternamente com Ele. Mas não somente isso, não é somente um destino, mas também para viver o presente com Cristo, desfrutando de alegria mesmo em momentos que causam tristeza, e isso é possível! **Vivemos pressionados por todos os lados, mas não olhamos para os lados, olhamos fixamente para o alto, para o autor e consumador da nossa fé!**

Como diz o texto:

"De todos os lados somos pressionados, mas não desanimados; ficamos perplexos, mas não desesperados; somos perseguidos, mas não abandonados; abatidos, mas não destruídos. **Trazemos sempre em nosso corpo o morrer de Jesus, para que a vida de Jesus também seja revelada em nosso corpo.**" (grifo do autor). (2 Coríntios 4:8-10 – NVI).

Que texto fantástico! Enquanto estamos em situações extremamente difíceis, devemos lembrar o sacrifício de Jesus por nós, devemos trazer à memória o seu sofrimento e que ele já passou por toda a adversidade possível nesta terra. Toda a dor que qualquer ser humano pode sentir e já sentiu, Jesus conhece muito bem; ele sofreu todo o sofrimento possível para se comunicar conosco; ele sabe e conhece toda a sua dor e circunstâncias adversas. Isso é trazer em nosso corpo o morrer de Jesus!

Lembre-se do seu sofrimento, lembre-se de que ele morreu, mas morreu por um objetivo, para que a morte não tenha destino final sobre nós, essa é a morte que venceu a morte!

MATANDO O MEDO

> *"A morte não é o fim, mas o começo de uma nova dimensão de vida – a vida eterna [...]. Pela sua ressurreição de entre os mortos, Jesus demonstrou que existe vida após a morte."*
>
> Billy Graham

Vencemos o medo da morte entregando nossa vida. Isso mesmo, entregamos a Jesus, que venceu o nosso pior medo. Na realidade, não temos controle sobre nós mesmos! Ninguém consegue prever a sua morte ou fugir dela, a morte não pode ser enganada. Não temos controle sobre o nosso próprio corpo, ficamos doentes, não conseguimos evitar a velhice, não evitamos lesões em nosso corpo, não conseguimos nos autocurar. E, por fim, não sabemos quando morreremos, pois pode ser a qualquer momento.

Pessoas morrem quando são ainda bebês, pessoas morrem ainda adolescentes, jovens, de meia-idade, velhos. Enfim, em todas as idades de uma pessoa alguém já morreu.

Já fiz velórios de pessoas de todas as idades possíveis: bebê, criança, jovens, adultos e idosos. Mas tem alguns que são mais difíceis que outros. Há poucos meses, fiz o ato fúnebre de um bebê de apenas sete meses. Esse me marcou muito, pois foi um dos mais dolorosos. Foi exatamente no dia do aniversário do meu filho. Ele estava completando sete anos de vida. Enquanto tinha festa na minha casa, tinha luto a poucos quilômetros dali. **Um bebê morreu com 7 meses e meu filho estava comemorando 7 anos, imagine a minha cabeça naquele momento.** Confesso que meu coração ficou apertado, pois era para ser um dia de alegria, mas eu tive que chorar com os que choravam. Esse é um daqueles momentos em que o Senhor nos fortalece sobremaneira, pois temos que cumprir nosso chamado e não temos hora e nem dia para isso. Lembro que, quando voltei para casa, abracei meu filho, fiquei o tempo todo com ele, dando-lhe atenção mais do que já dava no dia a dia, pois acabara de levar um pouco de conforto do Espírito Santo a um pai e uma mãe que perderam seu único filho.

O que eu sempre digo nesses momentos é: não troque sua família por nada, não deixe de ir em aniversários, casamentos, churrascos, almoços, pois, um dia, você pode ter que ir ao velório de alguém que você foi pouco presente em vida. E você dirá: "Por que eu não dei mais atenção?", "Por que não passei mais tempo?", "Por que não fui visitá-lo mais vezes?".

E isso aconteceu comigo. Tive a experiência de ser ausente tendo uma grande oportunidade de estar com alguém que amava. E eu me culpei muito! Fomos visitar alguns parentes no interior do estado, a cerca de 400 km de distância, uma viagem que é pouco comum fazermos devido à distância. E sempre achávamos uma desculpa para não ir mais vezes. Chegamos na casa de minha tia e ficamos por lá por algum tempo, quando meu primo Marcos, que morava próximo, me ligou e me convidou para ir na sua casa, a poucos minutos de onde nós estávamos. Era uma viagem rápida, de dois dias apenas. No entanto, por esse motivo, decidi não ir na casa de meu primo, pois o tempo era curto. E esse é exatamente o tipo de desculpa que usamos frequentemente, o tempo! Quem faz o tempo correr somos nós mesmos, com tantos compromissos que criamos que não são prioridade como nossa família. Trocamos muitas coisas menos importante por aquilo que tem valor realmente. Trocamos por dinheiro, por um trabalho que vamos ganhar melhor, mas que, na verdade, vai custar muito mais caro, que é o nosso tempo e momentos que poderíamos desfrutar com aqueles que amamos.

Voltamos para nossa cidade depois de visitar alguns parentes, mas não todos, como meu primo Marcos, que eu não via há bastante tempo e tive a oportunidade para isso. Passaram duas semanas e recebi a notícia de que meu primo havia falecido. Foi um choque porque, aparentemente, estava tudo bem com ele. Ele tinha diabetes desde sua infância e estávamos acostumados com isso, com ele mesmo aplicando insulina no seu corpo e controlando a doença. Com algumas limitações, ele levava uma vida de muitas atividades, com trabalho e igreja, na qual ele servia fielmente. Isso acontecia há muitos e muitos anos.

Essa notícia acabou comigo, pois dias antes ele me ligou para ir vê-lo, eu estava a poucos minutos dele e, mesmo assim, não fui visitá-lo. Como isso dói dentro de mim até o presente momento, inclusive enquanto estou escrevendo isto.

Ah, se eu soubesse! Quantas vezes falei isso, até então. Como imaginaria que seria a última

oportunidade de estar com ele? Ah, se eu soubesse! Nunca saberemos quando pode ser a última oportunidade, por isso não meça esforços para desfrutar daqueles que ama.

O que me conforta é que um dia vou vê-lo novamente, poderei abraçá-lo e dizer a ele: "Que grande lição você me deu, hein, meu primão!". Isso só será possível porque ele amava Jesus, e como ele gostava de servir ao nosso Senhor.

Um homem dedicado à sua família e a Deus sobre todas as coisas. Ele nos deixou um grande exemplo de perseverança nesta terra. Era alguém que nunca vi reclamando de sua doença, pelo contrário, era um homem alegre, sempre sorrindo! Eu imagino como ele deve alegrar o céu! Porque lá a alegria é incomparavelmente maior! E, inclusive, agora com Jesus ele está totalmente curado. Acredito que o Marcos não teve medo de morrer, pois ele viveu por aquele que lhe garantiu a vida eterna. Sempre lutando para viver aqui na Terra até cumprir o seu propósito para desfrutar do céu. Sabendo que a vida perfeita começa após a morte, sua história de vida reflete o que o apóstolo Paulo escreveu em sua segunda carta a Timóteo:

"Combati o bom combate, completei a carreira, guardei a fé. Desde agora me está guardada a coroa da justiça, que o Senhor, reto juiz, me dará naquele Dia; e não somente a mim, mas também a todos os que amam a sua vinda." (2 Timóteo 4:7-8 – NAA).

Realmente não temos domínio e controle sobre nossas vidas, então, é infinitamente melhor entregá-la de uma vez ao autor dela. Porque, então, saberemos que, seja na vida, seja na morte, estamos a salvo para viver eternamente em alegria com Ele.

Morrer é apenas **voltar para casa, não há o que temer, porque Jesus venceu a morte! Pois ele morreu em nosso lugar.** Morremos ainda, mas apenas neste corpo de carne e osso. Mas somos eternos.

Você é eterno, nunca perecerá; o seu espírito viverá para sempre. A grande questão é onde viveremos nossa eternidade.

Temos duas escolhas, viver no inferno, o qual é uma realidade bíblica, ou viver no céu. A escolha é sua! Mas saiba que você jamais vai morrer.

Capítulo 2

POR QUE, DEUS?

Alguns dizem: "Eu nasci assim, vou morrer assim". Exato! Você precisa morrer urgentemente para nascer de novo em Cristo!

> *"Uma pequena fé levará tua alma ao céu;
> uma grande fé trará o céu para sua alma."*
> C. H. Spurgeon

Esta é uma pergunta muito comum para todos que perdem alguém tão amado, uma dúvida que pode ecoar por toda a sua alma, a ponto do seu corpo ser levado para um estado profundo de inércia; o que a alma sente, o corpo sofre.

Muitos pensam que é errado questionar Deus. Biblicamente, não vemos problema nisso, como no caso do servo de Deus chamado Jó. Ele perguntou! Mas é importante falar que ele não murmurou, eis uma grande diferença.

Murmuração é o contrário da fé, é difamar, caluniar, falar mal de alguém. Já questionar é o ato de perguntar a fim de obter respostas para uma resolução."Por que, Deus?". Esse questionamento foi feito por minha esposa, Sulamita Bueno, quando perdeu o seu primo há alguns anos, o qual ela compartilha conosco a seguir.

> Em fevereiro de 2009, passamos pela maior tragédia sofrida até então na nossa família, um caso de afogamento. Eu nunca imaginei que um dia eu sentiria uma dor como aquela, uma dor que abalou a minha fé e me fez questionar por que Deus teria permitido aquilo. Na época, eu era jovem também, não tinha ainda um relacionamento sólido e pleno com Deus; posso dizer que ainda estava em construção.
> Sofremos a perda de um primo que praticamente era nosso irmão. O nome dele era Weslei e ele tinha apenas 14 anos quando morreu na lagoa dos Patos, em Tapes, Rio Grande do Sul. Weslei foi praticamente criado pela minha mãe, era filho dos nossos primos. O pai dele, Cleber, era pastor de uma igreja local, e a minha prima, Terezinha, trabalhava no comércio, em Porto Alegre. Lembro que a rotina deles era bem corrida, e o Weslei passava grande parte do dia conosco. Muitas vezes, quando eles voltavam tarde das demandas da igreja, ele até dormia em nossa casa. Era como meu irmão mais novo, tanto que ele me chamava de 'mana'.

Desde bebê amei o Weslei como se ele fosse o meu irmãozinho mais novo. Fazia ele dormir, colocava ele no bercinho, passava o dia inteiro com ele. Recordo até o quanto esperei pela chegada dele!

O tempo foi passando e ele foi crescendo. Minha mãe o amava tanto, tanto, que o mimava como realmente uma mãe mima um filho caçula. O Weslei era muito especial, um menino que temia muito a Deus e que tinha vocação para evangelista. Hoje, vejo e entendo tudo que aconteceu, mas, naquela época, minha fé foi bastante abalada.

Em 14 de fevereiro de 2009, partimos para um retiro da igreja que ocorreria em Tapes, cidade localizada às margens da famosa Lagoa dos Patos, maior laguna da América do Sul. Infelizmente, foi um evento bastante mal organizado (só vimos isso mais tarde). Não foi feita uma inspeção prévia no local por parte dos organizadores, a pousada era inadequada para receber um retiro de jovens e não havia sequer um cronograma claro estabelecido. Uma sucessão de erros que, sem dúvida, colaborou para a tragédia.

Chegamos ao local por volta do final da manhã (Acreditem, depois de o ônibus ter enguiçado já na saída da igreja, em Canoas). Como não tinha nada programado para aquela manhã, resolvemos tomar um banho na lagoa, que ficava a pouco mais de uma quadra da pousada que alugamos. Era um grupo de mais ou menos 25 jovens, a maioria sem saber nadar. Alguns adultos estavam como responsáveis, mas ficaram preparando o local para uma ministração que se daria no período da tarde.

Entramos na lagoa. Sem experiência e sem nenhum conhecimento das suas particularidades, achamos ela 'muito rasa'. Brincamos todos por mais de duas horas, e, depois de um tempo, alguns saíram, justamente os únicos nadadores mais experientes. Porém, a grande maioria permaneceu na água, inclusive eu.

Por pensar que a lagoa era muito rasa, fomos caminhando e caminhando até encontrar a altura certa para uma acrobacia que os meninos queriam fazer. A manobra consistia em subir nos ombros uns dos outros, até formar uma "torre", de onde a pessoa que subisse mais alto pularia na água. Adentramos mais de um quilômetro até que o nível da água estivesse um pouco acima de nossa cintura. Ali eles fizeram a acrobacia e brincamos uns 20 minutos.

Quando estávamos voltando para a costa, uma lancha passou por perto, gerando algumas marolas (pequenas ondas), o que fez com que saíssemos da trajetória pela qual havíamos ido. Sem perceber, caminhamos em direção a uma parte mais profunda, onde, segundo moradores locais, havia uma vala com 20 metros de profundidade. Foi, então, que o nosso terror começou e, por muito pouco, todos não se afogaram.

Voltávamos em duplas ou em trios, cerca de 10 pessoas, uns mais à frente, outros um pouco mais atrás. Lembro de ter olhado para atrás e ouvido o Weslei gritando: 'Mana, mana, eu tô me afogando! Socorro! Mana, me ajuda!!!'. Ele chamou por mim; eu era irmã dele; precisava ter salvado ele! No entanto, no desespero de ouvir aqueles gritos, comecei a me debater e a me afogar também. Não sei nadar muito bem, longe de ser uma profissional, com certeza não saberia também o que fazer para salvar ele.

Quando comecei a me debater, também percebi que, não apenas ele, mas umas quatro pessoas também estavam se afogando. Me virei de costas e comecei a bater as pernas para tentar sair daquele buraco. Nisso, escutei uma gritaria de pessoas pedindo socorro, porém ainda estávamos bem longe. Em um relance, vi o que parecia ser um corpo boiando, e fiquei ainda mais desesperada. Um menino que estava conosco insistia para chamarmos a brigada militar imediatamente.

Quando, já cansada, coloquei finalmente os pés no chão, caminhei como pude até a margem com os outros jovens. Vi meu irmão Eliezer e mais outro primo (Michel) correrem em direção a nós e tentamos explicar o que estava acontecendo, e, chorando, disse que havíamos perdido o Weslei na água.

Sem perder um segundo, meu irmão, que sabe nadar muito bem, me deixou com nosso primo Michel e nadou o mais rápido que pôde em direção ao meio da lagoa (aquela *região específica da Lagoa dos Patos é chamada de 'saco de Tapes'). Ao chegar ao local onde começamos a nos afogar, o Eliezer não encontrou mais o Weslei, e o que pensei ser um corpo boiando era o filho do pastor local, que ainda lutava desesperadamente para se manter na superfície.*

Então, meu irmão tentou salvar ele e conseguiu manter esse jovem por mais alguns minutos sem afundar, até os bombeiros finalmente chegarem com o equipamento de socorro adequado (mais tarde ficamos sabendo que ele passou o restante daquela tarde e boa parte da noite vomitando muita água).

Eu, Sulamita, da margem, chorava muito. Olhava aquela imensa lagoa e perguntava: 'Cadê o Weslei? Cadê o Weslei?'. O corpo dele sumiu! O filho do pastor e o Weslei estavam juntos, mas meu primo simplesmente desapareceu naquelas águas. De certa forma, aquilo ainda me gerou uma esperança, de que ele pudesse ter se debatido até sair daquela vala ou ter nadado em direção a outra parte da margem (onde havia muita vegetação de juncos), mas também estava com muito medo, especialmente a medida que começava a anoitecer.

Os pais do Weslei foram avisados e correram em direção a Tapes. O restante daquele dia foi de muitas buscas. Estávamos na prainha observando o trabalho dos bombeiros. Meus tios, excelentes nadadores, e outros amigos, que também nadam muito bem, se juntaram aos socorristas na procura. E tudo aquilo era extremamente desesperador, porque a lagoa era 'traiçoeira' e um deles poderia acabar morrendo também.

As horas foram passando, passou o sábado, já era domingo e nada de encontrarem o Weslei. Só lembro de olhar para meus primos, os pais do Weslei, totalmente desnorteados, sem acreditarem no que estavam vendo e vivendo naquele instante, e aquilo me doía muito. Somente na segunda-feira pela manhã o corpo dele finalmente apareceu. Foi encontrado por um pescador em meio à vegetação das margens. Aquilo foi terrível, porque, no fundo, ainda tinha alguma esperança de que ele pudesse ter sobrevivido, mas não.

Então começou mais uma etapa de sofrimento: o velório. Eu estava muito revoltada, chorava muito e não aceitava a morte dele. Não podia acreditar que Deus tinha levado ele daquele jeito, sendo ele filho único dos meus primos! Eles não tiveram outro filho, somente o Weslei, que foi amado e criado nos caminhos do Senhor. Esse era justamente o motivo da minha revolta. Lembro de falar para Deus: 'Meu primo Te serve, passa horas naquela igreja, ajudando, aconselhando, servindo, e o Senhor tirou o único filho dele?!'.

Tive algumas crises. Lembro de voltar para casa e não conseguir ir trabalhar, pois cada vez que o metrô passava em frente ao rio/lago Guaíba, na entrada de Porto Alegre, a cena do afogamento me voltava à mente e me dava crises de pânico e falta de ar. Por conta disso, fui 'encostada' durante três meses e tive um quadro de depressão profunda. Entrei num dilema grande com Deus e, naquele período, eu me isolei. Me isolei porque não conseguia acreditar que Deus tinha feito ou permitido aquilo tudo. Confesso, atribuí toda a culpa a Ele.

E, no ápice da minha dor, falei algo para Deus que eu jamais falaria hoje, né? Disse: 'Deus, se o Senhor não me mostrar onde o Weslei está, se o Senhor não me mostrar o que aconteceu naquela tarde, eu nunca mais vou voltar para a Igreja! Eu nunca mais volto a seguir os Teus caminhos'. Os dias foram passando e eu realmente me afastei por um tempo. Não conseguia ter um relacionamento mais com Deus. Até que um dia, ou melhor, uma noite, Deus me deu um sonho especial.

Naquele sonho, eu estava com minha mãe, na cozinha da casa dela. Minha mãe tomando café e eu em pé por ali, quando, de repente, eu vi o Weslei. A imagem dele parecia um pouco transparente, como se ele não estivesse no mesmo corpo físico que usamos, como se eu não pudesse tocá-lo com minha mão, porque eu não iria sentir nada, mas eu estava vendo ele ali.

E, no sonho, falei para minha mãe: ' — Mãe, o Weslei tá aqui, será que ele não sabe? Será que ele não sabe que morreu?'. Quando falei isso, ele olhou para mim e falou: ' — Ah, mana. Para! Eu sei o que aconteceu! Eu sei que eu morri!'. Olhei para ele e perguntei: '– Tu sabe? Me conta então o que aconteceu naquela tarde!'. E, no sonho, ele começou a me narrar tudo o que aconteceu e, enquanto ele narrava, eu via todas as cenas diante dos meus olhos.

Ele disse: '– Lembra da hora que eu me afoguei e eu comecei a pedir socorro e te chamar?'. Eu respondi: '– Sim, lembro'.

Então ele continuou: '– Logo depois, não consegui mais te chamar... Olhei para cima e vi uma luz... O céu se abriu e aquela luz desceu até onde eu estava e me envolveu, e começou a me puxar para o alto, e eu me vi subindo cada vez mais (enquanto ele falava, eu 'via' essa cena). Olhei para baixo e comecei a rir porque estava todo mundo me procurando e eu nem estava mais lá'.

Ele falava isso rindo, do jeitinho dele, e eu vi a cena das pessoas realmente procurando ele. Eu perguntei onde ele estava, então, e ele continuou contando: '– No céu, no céu!'. Enquanto ele falava, eu via a cena dele no céu: em um lugar onde uma espécie de nuvem cobria até o joelho dele, e à frente dele havia um grande portão de ouro. O portão estava aberto, mas tinha uma fila na frente, e o Weslei estava naquela fila. Perguntei o que ele fazia naquela fila, ao que ele respondeu: '— Estou esperando a hora de ir para minha casa'.

Lembro que ele falou assim: '— Tá vendo aquela menina ali?'. Olhei e tinha uma menina um pouco mais à frente que chorava muito. Ele continuou: '— Será que aquele que está abraçando ela é o namorado dela?'. Eu olhei, porém, e vi Jesus abraçando essa moça. Eu disse então: '— Welsei, não viaja, não tá vendo? É Jesus! Ele está consolando ela porque ela tá com medo'.

Eu sabia o que as pessoas estavam sentindo na fila, mas o Weslei não estava com medo. Em seguida, ele me mostrou o lugar onde ele estava dormindo. Vi um grande quarto, semelhante àqueles quartos de orfanatos antigos, com muitas camas, uma do lado da outra. O chão era de tabuão que brilhava, como se estivesse muito encerado. As janelas eram do tamanho de portas, e eram só de vidros, daqueles vidros que eram traçados, divididos em quatro. Entravam raios de luz no meio daquele quarto, no meio do tabuão. Eram muitas janelas retangulares assim, nos dois lados. Aquele quarto era um quarto comprido. Era uma caminha de solteiro e um criado-mudo ao lado de cada cama. Então, entrei naquele quarto, e me lembro que o que chamou a atenção foram aquelas janelas que traziam raios de luz para o meio do quarto onde estávamos caminhando. O chão brilhava muito.

Então, chegamos na cama que ele falou que era a cama dele, lembro de ter sentado e ele me mostrou uma garrafinha de água que estava no criado-mudo. Era uma garrafinha PET, da Pepsi. Lembro como se fosse hoje! Era a garrafinha que ele tomava água quando vivo, e deixava do lado da cama dele. Em seguida, ele disse: '— Olha, mana, que legal...' e começou a passar a mão pela garrafa e não pegava a garrafa. Falei: '— Ai Weslei, que coisa estranha'. E ele respondeu: '— Não, não é estranho, eu não preciso mais tomar essa água'.

Perguntei se ele ficava ali sozinho e ele disse: '— Não, eu fico com ele'. Sentado conosco na cama, eu vi um ser de luz que, no meu espírito, entendi que era um anjo. Sim, um anjo acompanhava o Weslei, e cuidava dele, mostrando para ele o local onde ele estava morando.

Daí lembro que falei para o Weslei: '— Mas, Weslei, que lugar é esse?'. Quando eu perguntei para ele, me vi sobrevoando uma mata muito grande, muitas árvores, eram gramas, gramados, campos... Foi então que ele respondeu minha pergunta informando que aquele lugar se chamava VALE DOS SALES e completou dizendo: '— Eu moro aqui agora'. Perguntei então: '— Mas tu tá feliz?' e ele disse: ' — Se eu tô feliz? Eu tô muito feliz! Todo mundo gostaria de estar aqui também! Olha só, Jesus recepcionou a gente!'.

Weslei amava demais Jesus, ele era um menino muito apaixonado por Jesus. E ele disse nesse sonho que está no Céu, está com Jesus e está feliz. Depois de ele me apresentar aquele lugar, ele me deu tchau e eu acordei.

Quando eu acordei, comecei a chorar compulsivamente, porque não merecia essa resposta. Deus não precisava, Deus não precisava ter me mostrado onde ele estava. Mas, na Sua infinita misericórdia, Ele trouxe paz e alento para o meu coração. Lembro que era cinco e meia da manhã quando eu acordei, e junto acordei a casa inteira... Falei: 'Mãe, chama o Tere! Chama o Cleber!'. Naquela época eles moravam na nossa mesma rua, um pouco mais na esquina. Então a mãe ligou, chamou eles, eles chegaram ali.

E falei que vi o Weslei, falei que o Weslei me mostrou onde ele estava. Ele mandou dizer que tá bem, que tá feliz. E aquilo, ao mesmo tempo que eles choravam de alegria, assim, por terem a certeza que agora aquilo também traria paz, eles também choravam de saudade, porque eles também gostariam de ter tido esse encontro com Weslei, mas eu lembro que eu falei pra Deus que, se eu não tivesse isso, eu não iria conseguir voltar.

Com toda essa experiência que tive, vejo o quanto Deus me ama, porque, talvez, se eu não tivesse tido essa experiência, se o Senhor não me mostrasse onde o Weslei estava, eu não conseguiria ter um relacionamento com Ele, porque naquela época eu não conhecia Deus como deveria.

Então, pedi perdão para Deus, pedi perdão por ter duvidado, por ter questionado... Quem era eu para ter questionado o que Ele fez? E passei a entender, com os anos, o propósito de tudo isso, né? E o porquê que o Weslei viveu tão pouco aqui com a gente na Terra. Aquilo trouxe toda a paz que eu precisava e a certeza de que logo após a morte, o Weslei já se encontrou com Jesus Cristo, ainda sem estar no quarto dele, ainda na fila que ele me mostrou para acessar o "Vale do Sales" (o lugar que ele me falou que ele estava).

A propósito, lembro que, na época, nós procuramos até no Google, fizemos pesquisa, procuramos essa cidade, esse estado, esse país, essa região, na Internet, para ver se não era um lugar, sei lá, que existisse por aqui e, simplesmente, o Vale do Sales não existe.

Quando falamos para o pastor sobre essa experiência que tive, ele falou que nós não iríamos encontrar no Google, porque esse nome, Vale do Sales, era o nome de alguma região celestial, de uma região do céu, e não aqui da terra. E foi uma experiência muito especial que Deus me deu. Eu senti o amor *d'Ele, eu senti paz, senti refrigério, e também passei a não temer mais a morte. Porque a morte simplesmente é a nossa volta para casa. É voltar para os braços do nosso Pai. Hoje, entendo que o Weslei está bem, está feliz, está com Jesus. Está sendo amado, e, nós, continuamos aqui até que chegue o nosso dia.*

O propósito do Weslei foi com a sua morte converter muitos e muitos jovens. No dia do seu velório tinha aproximadamente umas trezentas pessoas naquele lugar. Eram pessoas na rua, eram pessoas espalhadas por todo o cemitério, porque ele ficou conhecido em toda a nossa cidade por ter sido algo que aconteceu num retiro de igreja. Então, hoje eu entendo que a morte dele trouxe vida para muitos jovens que estavam longe de Jesus. É bem semelhante ao que Deus fez, entregando o seu único filho para que a morte dele trouxesse vida para todos nós. Weslei viveu como um único filho, mas também na sua morte. Ele trouxe vida para muitos jovens que estavam perdidos e distantes de Jesus. E é uma honra saber que o propósito dele, mesmo sendo tão curto, foi tão poderoso. Que todos possamos viver com intensidade o nosso propósito e saber e entender que a morte, ela só é a volta para casa.

Capítulo 3

MATANDO O LUTO

Jesus é a vida, o sustentador da vida e a razão da vida. A morte é o rei dos terrores, mas Jesus é o rei dos reis!

"O horror da morte não nasce da fantasia, mas da natureza."

Santo Agostinho

Para vencer o luto é preciso enfrentá-lo. Nenhuma guerra é ganha sem batalha. Por mais que você não queira ler, ouvir ou falar sobre isso, pois lhe traz lembranças ruins, a saudade volta a gritar, é dada voz à sua alma, e sua dor volta a latejar. Talvez você se enquadre perfeitamente em uma descrição do Novo Testamento: "E livrasse todos os que, pelo pavor da morte, estavam sujeitos à escravidão por toda a vida" (Hb 2:15 – NAA). O medo da morte é uma terrível escravidão, presa em si, mas para a liberdade foi que Cristo nos chamou, como diz o texto da carta do Apóstolo Paulo aos Gálatas: "Foi para a liberdade que Cristo nos libertou. Portanto, permaneçam firmes e não se deixem submeter novamente a um jugo de escravidão" (Gl 5:1 – NVI).

Para sermos curados precisamos ir ao encontro da ferida. Sei como é viver o luto, pois já passei por ele inúmeras vezes. O telefone toca; o tempo para; alguém atende em seu lugar e a expressão no rosto da pessoa não é boa; o hospital liga; a notícia é aquela que sabíamos que poderíamos receber, mas não aceitamos de jeito algum. O olhar de quem atendeu a ligação fala mais do que qualquer palavra, é mais do que suficiente. Nesse instante, uma tristeza misturada com uma angústia perturbadora invade o seu coração. O chão desaparece, tudo fica escuro, as lágrimas lavam o seu rosto, o grito da alma sai pela sua boca, nenhum abraço é suficiente, e o que você não quer ouvir de jeito algum é um "Eu sinto muito". Talvez fosse melhor que ninguém falasse absolutamente nada.

Você é levado até o velório; a capela, por mais bem-arrumada e organizada, parece mais uma caverna. As luzes são brancas, mas a escuridão é maior; o sol está brilhando do lado de fora, mas parece uma tempestade densa e contínua no seu interior. A cada abraço que recebe, você imagina que poderia ser o da pessoa amada que está deitada na sua frente numa caixa de madeira.

Alguns dizem que está belo o corpo do falecido, mas um cadáver jamais é belo, seja de um homem ou de um animal. A morte, na verdade, é uma ofensa à beleza; nada pode restaurar a faceta do rosto, por mais bem feito que tenha sido o trabalho de maquiagem da funerária; não existe forma alguma de embelezar ou suavizar a pessoa que está gelada e sem expressão alguma.

Outros dizem: "Parece estar dormindo", mas longe disso! Não há algo que possa fazer para acordar, pois não há vida alguma mais ali. Podemos suavizar o horror da morte com belas coroas de flores, com um lindo vestido ou um terno novo que logo virará um trapo, uma almofada macia que não fará diferença alguma, música que não será ouvida, flores e mais flores que logo murcharão.

A partir de agora, não há mudanças significativas. O que poderia ser modificado, o seria em vida, pois acreditava-se que a morte nunca nos atingiria. No teatro da vida, cedo ou tarde, ela surge e, como espectadores, não podemos fazer mais do que observar as pétalas de rosa caindo lentamente até a cortina se fechar, brincando com os nossos sentimentos.

Minha mãe estava doente há alguns meses, acamada em seu quarto. Enquanto cuidávamos dela, uma mulher forte e guerreira, um possível AVC lhe consumiu rapidamente todo o vigor e a disposição. Passaram-se seis meses e, à medida que ela se tornava cada vez mais fraca, eu pedia a cura a Deus para poder reverter aquele quadro de forma rápida, pois estávamos sofrendo junto. Sei o quão difícil é ver alguém que amamos sofrendo e, apesar de sua ajuda e seu esforço para proporcionar o seu melhor conforto, nunca parece ser o bastante.

Lembro que, em mais uma noite qualquer, antes de dormirmos o Espírito Santo falou comigo. Mas não foi o que eu imaginava. A resposta era: "Libera a sua mãe, deixe-a partir". Ouvir isso nunca será fácil, mas, ao mesmo tempo, eu fui confortado pelo próprio amado Espírito Santo, sabendo que isso era o melhor para minha mãe. Imediatamente, fui até o seu quarto. Ela estava acordada, seus olhos estavam fitados aos meus, como se ela soubesse e aguardasse justamente o que eu ia lhe dizer.

Então, as palavras foram ditas, "Mamãe, você pode ir morar com Jesus, eu te libero. Volte para casa, para os braços do nosso Senhor." Com os olhos marejados lhe dei boa-noite, mas não imaginava que seria o último, que aconteceria tão rápido. Pela manhã, acordamos, fomos vê-la, demos café para ela, o seu café com leite, com muito mais café do que leite, como ela adorava. Depois de aproximadamente uma hora, ela partiu em nossos braços.

Não foi fácil esse processo. O nervosismo tomou conta, o coração acelerou, mas, ao mesmo tempo, me senti muito confortado, pois era plano de Deus. Simplesmente, poucas horas após liberá-la, ela partiu, como se realmente estivesse apenas esperando por isso.

O que pude fazer para honrá-la fiz em vida. Na hora do seu funeral, eu pedi tudo o mais simples possível, sem coroa de flor e sem um caixão rebuscado e caro, apenas o simples. Nesse momento, tomei também uma decisão importante, fazer eu mesmo o ato fúnebre.

Sempre fiz muitos velórios, levando uma palavra de consolo e orando por todos, e não quis fazer diferente na partida de minha mãe; afinal de contas, precisamos viver o que pregamos. Eu estava triste, consolado e com o coração apertado, mas com a fé intacta em nosso Deus.

Mas como pode ser perfeito? Porque ela estava pronta, combateu o bom combate, terminou a carreira e guardou a fé. Estava preparada, aguardava a sua morte para iniciar uma nova vida, agora totalmente curada e restaurada, no melhor lugar de todos, vivendo para toda a eternidade na glória do Senhor.

Difícil de entender isso? Não, se você tem fé suficiente para crer na eternidade com Jesus. A morte é um processo natural do homem, todos chegarão lá, é a maior certeza da vida. Ela, para alguns, chega de forma precoce, como em um velório que fiz de um bebê, com apenas três dias de vida. Alguns têm quase cem anos. Outros faleceram em um acidente ou um assassinato, como Martin Luther King Jr., que teve 30 gramas de metal no pescoço, alvejado na sacada de um hotel por uma arma de fogo aos 39 anos, ou como Alexandre Magno Abrão, vocalista da banda Charlie Brown Jr., que veio a falecer aos 42 anos após consumir cocaína. São essas as faces da morte, cedo ou tarde, de forma trágica ou natural, mas ela chegará para todos. **Tememos aquilo que não compreendemos, mas o paradoxo está em que, quando você aceita o fato da morte, fica livre para viver!**

Ouvi um grupo de médicos falando sobre a morte, um deles disse: "Estou convencido de que Deus decide sobre a vida e a morte, pois pacientes com os mesmos sintomas e condição iguais, um falece e o outro se recupera. Conheci um paciente que tomou ácido suficiente para perecer em poucos minutos, mas se recuperou milagrosamente".

Mas, nesse grande mistério entre o relacionamento da soberania de Deus com a liberdade humana, a duração da nossa vida pode ser afetada por nós mesmos, como ao negligenciarmos o cuidado com o nosso corpo, podendo, assim, reduzir consideravelmente o tempo de nossa existência.

Um parêntese importante: o suicídio não é natural e nunca será. O suicídio, por mais que pareça que acabará com o sofrimento, na verdade, pode levá-lo a um sofrimento eterno. Deus não quer isso para ninguém. No palco da minha vida, a depressão já entrou em cena. Eu sei como se sente alguém que já passou pela depressão, simplesmente parece não haver sentido para a vida! Mas, na verdade, estamos enfrentando um estado de crise de identidade e de compreensão da vida e do propósito nesta terra.

Muitas vezes somos abastecidos pela dor da perda, ou por uma crise financeira, ou pelo fim de um relacionamento. O tanque da nossa alma está cheio de tudo aquilo que faz mal para o funcionamento da nossa vida, fazendo-nos desejar que o motor pare, não importa como, a ponto de sabotarmos a nós mesmos, retirando a nossa própria vida. Mas há um combustível puro, sem aditivos e misturas, capaz de limpar, lavar, renovar, curar e restaurar. Ele é uma água, dada pelo Espírito Santo, que pode nos completar a ponto de, do nosso interior, fluírem rios de águas vivas! Uma água de vida! Água é essencial para a vida do corpo humano, assim como a água do Espírito é essencial para a vida da nossa alma. Procure ajuda, desabafe e clame pelo Espírito Santo. Foi o que fiz e eu fui totalmente curado.

A morte é a única certeza da vida. "Começamos a perecer no momento em que nascemos", de acordo com Voltaire. Mas como explicar algo que é desconhecido? Tememos justamente aquilo que não compreendemos. Creio que só podemos explicar a morte por meio da vida. O fato de sermos expostos à morte nos faz pensar no valor da vida. "A questão do significado e valor da vida jamais se torna tão urgente e angustiosa como quando vemos o suspiro final deixar um corpo que, momentos antes, estava vivo" (Carl Jung).

Estudos revelam que as pessoas passam até 20 anos sem ter contato direto com a perda de alguém, ou seja, um familiar ou amigo íntimo. Mas, quando isso acontece, é um choque! Uma nova realidade de vida, que ela pode acabar a qualquer momento, começa a permear os seus pensamentos.

Da mesma maneira, o salmista expressou essa ideia de várias formas:

"Senhor, dá-me a conhecer o meu fim e qual é a soma dos meus dias, para que eu reconheça a minha fragilidade. Deste aos meus dias o comprimento de alguns palmos; à tua presença, o prazo da minha vida é nada. Na verdade, todo ser humano, por mais firme que esteja, é pura vaidade. Com efeito, passa o homem como uma sombra; em vão se inquieta; amontoa tesouros e não sabe quem os levará. E eu, Senhor, que espero? Tu és a minha esperança" (Salmos 39:4-7 – ARA).

"Ensina-nos a contar os nossos dias, para que alcancemos coração sábio." (Salmos 90:12 – ARA).

Já tive algumas experiências com pessoas idosas que estavam no fim de suas vidas, e todas elas tratavam a morte diferente de uma pessoa mais nova. A sensação, e creio que não é só isso, mas uma verdade, é que os idosos, na sua maioria, estão preparados e confortados com a sua partida. Assim como já vi também alguns pedirem por isso, para que Deus viesse buscá-los. Creio eu que, a partir de certas idades, a pessoa tem um entendimento bem-resolvido sobre a morte.

Da mesma maneira, vi outras pessoas, com idade bem inferior à de um idoso, mas que, diante de suas doenças, parecem ter a certeza de que é o fim de seu tempo aqui na Terra. Isso aconteceu com minha tia Bia, uma mulher de meia-idade, com seus 54 anos, que acabara de se aposentar como professora do ensino médio. Chegou uma nova etapa na sua vida, agora descansar e aproveitar melhor os seus dias. Mas, poucos meses depois, ela descobriu um câncer muito agressivo. Naquela época, lembro que todos nós, os seus familiares próximos, sofremos muito e oramos como nunca para que Deus a curasse, pois parecia injusto perdê-la.

Durante um ano inteiro estávamos apreensivos com esse sofrimento, pois todos éramos muito próximos. Nós a visitávamos semanalmente, orávamos constantemente, adorávamos sempre! Eu amava muito minha tia, tinha uma ligação muito forte com ela, pois ela cuidou de mim desde pequeno, chegou até a me dar aula no ensino médio, até fisicamente éramos parecidos.

No momento em que estou escrevendo sobre ela, me vem muita saudade, mas, ao mesmo tempo, muito orgulho, pois ela era mais do que uma tia e uma mãe, e ela era uma mulher de Deus. Seu exemplo era nítido, todos os seus amigos e colegas de trabalho a respeitavam e gostavam muito dela, era amada por todos, pois sua vida refletia Jesus.

Quando eu ia visitá-la, sempre pensava o que iria dizer para ela na ocasião. Que palavra eu poderia falar para levar consolo e esperança. Mas, todas às vezes, eu era surpreendido, pois a palavra que ela tinha para mim era de consolo e esperança. Seu rosto era pleno, seus olhos brilhavam, sua voz era suave, e o seu meio-sorriso dizia: estou bem!

Durante o processo da tia Bia na luta contra essa terrível enfermidade, chegou o dia do seu aniversário. Então, nos reunimos para comemorar e celebrar! Aquele dia me marcou muito, pois, no momento dos parabéns, ela tomou a palavra e, agradecendo a Deus e a todos os presentes, disse: "Eu estou vivendo os meus melhores momentos com Deus, nunca me senti tão perto d'Ele".

Ela estava vivendo os seus melhores momentos com Deus, mesmo em seus piores momentos aqui na Terra; o seu corpo estava doente, mas sua alma e espírito estavam radiantes. Em seus últimos momentos entre nós, ela viveu uma intimidade tão profunda com Deus, ouvindo a Sua voz e sendo boca do Senhor para todos, sempre com uma palavra profunda e impactante. Nunca a vimos murmurar ou reclamar, mas glorificar ao nosso Deus, que logo ela poderia vê-lo pessoalmente, o que de fato aconteceu! Ela está no céu, no seu melhor momento, mas, agora, não é só um momento, dias, meses, anos, mas eterno, sem dor, sem enfermidade, sem choro, está totalmente curada e muito melhor do que se fosse curada aqui na Terra.

Se pudéssemos perguntar para a tia Bia, ou para qualquer outra pessoa que está na eternidade celestial com Cristo Jesus, se ela gostaria de voltar para a vida na Terra, com toda a certeza diria: "Não, estou bem, muito obrigado! Aqui é infinitamente muito melhor!". Minha tia faleceu? Nas palavras de Jesus, "os anjos a levaram" para o céu.

Só conseguimos entender a morte olhando para a vida! Tanto a vida aqui na Terra como a vida eterna. A forma que levamos a nossa vida aqui dará destino a ela depois da morte. O grande contraste é que, para você viver no céu, terá que falecer antes da morte. É preciso perecer em vida! **Alguns dizem assim, "Eu nasci assim, vou morrer assim". Exato! Você precisar morrer urgentemente para nascer de novo em Cristo!** É necessário morrer para a sua carne, para o velho homem, para o orgulho, para a ideia de que você é autossuficiente, para que, então, Jesus seja suficiente em você! Porque, sim, Jesus, ele é o único autossuficiente por toda a eternidade, sobre céus e terra! Ele tem em suas mãos toda a história do mundo e da sua vida. Portanto, entregue seu luto em suas mãos, ele é suficiente na sua dor!

COMPLETOS EM DEUS

Sei quão dolorosa é a saudade e como ela afeta nossos sentimentos de forma tão profunda. Ela nos faz sentir um vazio misturado com uma solidão muito grande pela falta da pessoa amada que nos deixou. É um buraco sem fim, nos tornamos incompletos, uma parte de nós se foi. Já ouvi inúmeros relatos de casais que, quando um deles falece, logo o outro também se vai, em meses, outros em dias, ou até mesmo em horas, como aconteceu no ano de 2017, na cidade de Ottawa, no Canadá. George e Jean Spear, ele com 95 anos e ela com 94 anos, haviam acabado de comemorar 75 anos de casamento.

Os dois morreram no mesmo hospital. Primeiro, Jean foi internada com pneumonia na sexta-feira. Na semana seguinte, na quarta-feira, seu quadro piorou, mesma data em que George deu entrada na sua internação. Eles faleceram num intervalo de cinco horas apenas. Isso desafia qualquer lógica.

Perder alguém que amamos é um pedaço de nós que nunca mais voltará. É uma ferida aberta, e das grandes! Mas a boa notícia é que toda ferida tem cura, todo buraco aberto pode ser fechado, todo vazio pode ser preenchido por Jesus. **Ele é a vida, o sustentador da vida e a razão da vida. A morte é o rei dos terrores, mas Jesus é o rei dos reis!** Ele é o amor que nunca vai nos deixar, a pessoa que nunca falecerá, o Cristo Salvador que estará conosco para sempre. Mas como desfrutar disso? Como ser totalmente preenchido por Deus? A segunda carta do apóstolo Paulo aos coríntios termina com uma saudação do Deus trino: "A graça do Senhor Jesus Cristo, e o amor de Deus, e a comunhão do Espírito Santo seja com todos vós. Amém" (2Co 13:14 – ACF).

Deus Pai, por amor a nós, enviou Seu filho Jesus Cristo pela Sua graça, na cruz nos salvou, voltou para o seu trono, mas deixou outro consolador, o Espírito Santo, no qual temos comunhão, ou seja, relacionamento com Deus, amizade, ter união, paz e partilha com alguém. Somos completos por Deus. Ele passa a habitar em nós. "Não sabeis vós que sois o templo de Deus e que o Espírito de Deus habita em vós?" (1Co 3:16 – ACF).

O Senhor está dentro daqueles que O amam e O desejam. Somos totalmente curados, transformados, amados, completos. Ele cura o luto, pois é o consolador! "E eu rogarei ao Pai, e ele vos dará outro Consolador, para que fique convosco para sempre" (Jo 14:16 – ACF). Esse consolador, o Espírito Santo, está aqui conosco para sempre, está agora com você. Ele pode agora lhe tocar, completar, sarar e restaurar! **Você pode voltar a sorrir de felicidade, porque ele é a própria alegria! E se ele habitar em você, você será alegre como nunca!**

Existem muitas promessas de consolo prontas a serem desfrutadas por você.

"Bem-aventurados os que choram, porque eles serão consolados." (Mateus 5:4 – ACF).

"Mas aquele Consolador, o Espírito Santo, que o Pai enviará em meu nome, esse vos ensinará todas as coisas, e vos fará lembrar de tudo quanto vos tenho dito." (João 14:26 – ACF).

"Invoquei o Senhor na angústia; o Senhor me ouviu, e me tirou para um lugar largo." (Salmos 118:5 – ACF).

"Nunca mais terão fome, nunca mais terão sede; nem sol nem calma alguma cairá sobre eles. Porque o Cordeiro que está no meio do trono os apascentará, e lhes servirá de guia para as fontes vivas das águas; e Deus limpará de seus olhos toda a lágrima." (Apocalipse 7:16-17 – ACF).

"Bendito seja o Deus e Pai de nosso Senhor Jesus Cristo, o Pai das misericórdias e o Deus de toda a consolação; Que nos consola em toda a nossa tribulação, para que também possamos consolar os que estiverem em alguma tribulação, com a consolação com que nós mesmos somos consolados por Deus." (2 Coríntios 1:3-4 – ACF).

"Porque, como as aflições de Cristo são abundantes em nós, assim também é abundante a nossa consolação por meio de Cristo." (2 Coríntios 1:5 – ACF).

"Na multidão dos meus pensamentos dentro de mim, as tuas consolações recrearam a minha alma." (Salmos 94:19 – ACF).

"Eu, eu sou aquele que vos consola; quem, pois, és tu para que temas o homem que é mortal, ou o filho do homem, que se tornará em erva?." (Isaías 51:12 – ACF).

A palavra do Senhor é o próprio Deus trazendo verdades ao nosso coração, capaz de penetrar o mais profundo da escuridão em que nos encontramos e nos arrancar de lá. A palavra, pela fé, é poderosa! Quando a filosofia falha e os psicólogos se mostram desalentados, o Espírito Santo de Deus faz o que ninguém pode fazer, porque é uma ação sobrenatural! Já vi várias pessoas serem curadas do luto no momento em que oramos. O choro de dor e tristeza se torna choro de alegria e consolo.

Em uma quarta-feira, no nosso culto de fé, eu estava pronto para subir para pregar, mas, minutos antes, corri até o banheiro. No momento em que estava lavando minhas mãos, eu olhei para o espelho e ouvi a voz do Espírito Santo falar comigo. Ele disse: "Fale hoje sobre a morte e a vida, a alegria e o consolo em meio ao luto".

Naquele instante, relutei, pois eu não tinha me preparado para pregar sobre isso. Falei para Deus: "Como assim? Meu esboço está pronto e o Senhor sabe que trabalhei nele o dia todo". Então, me respondeu apenas com um texto: "Alegrai-vos sempre no Senhor; outra vez digo: alegrai-vos" (Fp 4:4 – ARA). Então obedeci, subi para o púlpito com a minha Bíblia na mão e preguei aquilo que Deus estava me dirigindo.

No fim do culto, tive a convicção do plano de Deus. Primeiro veio uma irmã trazendo com ela sua amiga, que estava visitando pela primeira vez nossa congregação. Então a moça falou: "Pastor, eu queria lhe perguntar se minha amiga lhe contou tudo sobre a minha vida". Respondi: "Não mesmo, minha amiga. Mas por quê?". Ela respondeu: "Porque você contou minha história e falou tudo o que eu precisava ouvir. Acabei de perder minha mãe, faz 15 dias, e estava sofrendo muito. Mas, hoje, Deus falou comigo e me consolou através da palavra".

Logo depois, outra mulher, que nunca havia visto na igreja, pois era mais uma visitante, falou comigo e me disse: "Pastor, a palavra foi diretamente para o meu coração. Eu perdi minha mãe há uma semana, estava sofrendo muito, mas hoje eu fui consolada e curada!".

Quando somos completos por Deus, nada nos faltará! Mesmo se todos os seus familiares se forem, assim mesmo você não se sentirá sozinho ou incompleto, pois o Senhor é o nosso pastor e não nos faltará! Esse é o sentido do Salmo 23.1, o que nunca faltará em nós é o próprio Deus, nunca nos abandonará! **Suas lágrimas sempre estarão nas mãos de Deus!**

"Conheces bem todas as minhas angústias; recolheste minhas lágrimas num jarro e em teu livro registraste cada uma delas." (Sl 56:8 – NVT).

O HOMEM QUE FEZ DEZ VELÓRIOS EM UM DIA

No palco da vida, a tragédia pode entrar em cena sem avisar. Tudo pode mudar em um segundo ou em uma palavra. Uma pequena desatenção na direção de um carro pode levar a um acidente fatal; a mensagem no celular informando a perda de alguém que amamos ou a palavra "câncer" dita pelo médico.

Foi exatamente o que aconteceu com Jó, o emblemático homem de Deus que teve a sua vida mudada em poucos minutos, conforme é descrito em (Jó 1:13-19). Diferentemente da maioria de nós, para quem as perdas e dores vêm e voltam para o palco de tempos em tempos, estamos na plateia observando suas ações, sabendo que pode demorar muito tempo para entrar em cena novamente. Mas com Jó foi tudo de uma vez só. Ele perdeu tudo: amigos, propriedades, gado, funcionários, e o mais importante, os seus filhos. Além de ser acometido por uma doença terrível, destruindo seu corpo, rasgando sua carne até os ossos.

Ninguém nesta terra chegará perto de tantas calamidades que ocorreram com uma só pessoa. Somente um o superou. Sua dor aponta para o homem de Dores, Jesus. Pois este foi aquele que levou todas as nossas dores sobre si; o peso da angústia que estava sobre Cristo é do tamanho do mundo!

Jó nunca conheceu a razão do seu sofrimento, mas ele jamais deu razão alguma para abandonar a sua fé. Talvez você desconheça o porquê do seu sofrimento, e talvez Jesus não responda isso, mas ele não só prometeu como cumpriu a sua promessa de que sofreria por nós! Assim, se comunicando em nosso sofrimento, ele superou todas as dores possíveis, ninguém nunca sofreu ou sofrerá como naquela cruz. Qual a razão do sofrimento de Jesus? A razão é o amor, amor por todos nós, para que mesmo sofrendo aqui, ele garantisse que depois desta vida não haveria mais sofrimento na eternidade.

Diante de todas as notícias terríveis que Jó recebeu, incluindo, por fim, a morte de seus dez filhos, sua atitude nos chama muito a atenção:

> *"Então Jó se levantou, rasgou o seu manto, rapou a cabeça e se lançou em terra e adorou.*
>
> *E disse: Nu saí do ventre de minha mãe e nu tornarei; o Senhor o deu e o Senhor o tomou: bendito seja o nome do Senhor!*

> *Em tudo isto Jó não pecou, nem atribuiu a Deus falta alguma." (Jó 1:20-22 – ARA).*

Sua fé em Deus é maior do que qualquer perda desta terra, sua confiança permaneceu firme no Deus que lhe concedeu todas as coisas e que é dono de tudo. Até mesmo a sua esposa não entendeu a fé de Jó: "Então, sua mulher lhe disse: Ainda conservas a tua integridade? Amaldiçoa a Deus e morre" (Jó 2:9 – ARA).

Mas ele a repreendeu imediatamente de forma enérgica! "Mas ele lhe respondeu: Falas como qualquer doida; temos recebido o bem de Deus e não receberíamos também o mal? Em tudo isto não pecou Jó com os seus lábios" (Jó 2:10 – ARA).

Jó era um humano que buscou por respostas, assim como todos nós. Queremos saber os motivos, as razões pelas quais somos colocados à prova. Ele fez 34 queixas a Deus, sendo 16 delas: "Por quês!", mas ele não pecou; era um homem íntegro e reto, e temente a Deus. O sofrimento chega para todos, os bons e os maus, mas a restauração é somente para quem crê e confia na providência divina em meio ao caos.

Jó teve uma resposta, o silêncio! Não foi o que ele imaginava, mas o fez refletir. Talvez Deus não lhe respondesse porque, muitas vezes, nossas perguntas são sem sentido. A nossa alma fala mais alto do que a fé, a dor grita mais que a nossa confiança. Mas o silêncio nos leva novamente para a reflexão e para a reformulação das nossas perguntas. O silêncio de Deus o fez olhar para si mais uma vez, e olhar para o Redentor que, por fim, vence e sempre reverterá todo o mal em bem. Deus rompeu o seu silêncio quando Jó bradou: "Porque eu sei que o meu Redentor vive e que por fim se levantará sobre a terra" (Jó 19:25 – ARA).

A resposta de Deus, muitas vezes, pode ser diferente do que imaginamos, mas ela fará todo sentido, porque revelará os nossos direitos e nos colocará de volta em nosso lugar, quando entendermos quem Deus é. E foi exatamente o que Deus respondeu para o servo Jó. A resposta de Deus foi mediante perguntas, perguntas retóricas, que nos deixam apenas em silêncio, porque nós sequer ousamos tentar responder. As perguntas de Jó resultaram em perguntas de Deus, o silêncio de Deus resultou em silêncio de Jó.

Deus pergunta: onde estava tu, Jó, quando Eu lançava os fundamentos da terra? Onde estava tu, Jó, quando eu lançava as estrelas no firmamento? Onde estava tu, Jó, quando eu cercava as águas do mar impedindo que entrassem na terra? No total, foram 70 perguntas como essas que levaram Jó a compreender a grandeza e a sabedoria de Deus. Ele, que criou todas as coisas e as sustenta. Não estaríamos cada um de nós em Suas mãos? Jó, por fim, faz uma declaração maravilhosa a Deus; ele diz: "Antes eu te conhecia só de ouvir, mas agora os meus olhos te veem" (Jó 42:5 – ARA).

A história de Jó acaba com Deus lhe restituindo tudo o que ele havia perdido, inclusive lhe dando filhos novamente. O mesmo Ele fará com todos nós, tudo nos será restituído e teremos e estaremos com aqueles que já morreram novamente.

COM ESTAS PALAVRAS, CONSOLEM UNS AOS OUTROS

Precisamos entender o momento para o consolo, e o que fazer e não fazer. Num primeiro momento, o velório é um cenário em que devemos ter cuidado. Primordialmente, não é lugar de sorrir e, muito menos, lugar de festa. Na Bíblia toda não encontramos qualquer evidência disso. Somente que é um lugar de choro, tristeza e consolo. Não podemos fugir da realidade, tentar suavizar a dor ou maquiar os sentimentos. O que precisamos apenas é estar lá e abraçar. Não prepare palavras para falar, ninguém enlutado quer escutar discurso seja de quem for. As melhores palavras são o silêncio, as melhores atitudes são um abraço. O fato mais importante é estar presente. Na hora oportuna, estas serão as palavras de consolo, não palavras de pessoas, mas as de Jesus:

"Não quero, porém, irmãos, que sejais ignorantes acerca dos que já dormem, para que não vos entristeçais, como os demais, que não têm esperança.

Porque, se cremos que Jesus morreu e ressuscitou, assim também aos que em Jesus dormem, Deus os tornará a trazer com ele.

Dizemo-vos, pois, isto, pela palavra do Senhor: que nós, os que ficarmos vivos para a vinda do Senhor, não precederemos os que dormem. Porque o mesmo Senhor descerá do céu com alarido, e com voz de arcanjo, e com a trombeta de Deus; e os que morreram em Cristo ressuscitarão primeiro.

Depois nós, os que ficarmos vivos, seremos arrebatados juntamente com eles nas nuvens, a encontrar o Senhor nos ares, e assim estaremos sempre com o Senhor.

> *Portanto, consolai-vos uns aos outros com estas palavras." (1Tessalonicenses 4:13-18 - ACF).*

Temos esperança, esta que já foi garantida na cruz do calvário, quando **Jesus matou a morte!** Por meio disso liberou vida para todos nós, os que aguardam e têm essa esperança. Esse mesmo Jesus voltará para buscar sua igreja. Que estejamos prontos em todo o tempo.

Alguns dos nossos familiares já estavam prontos, por isso Deus os chamou para perto d'Ele. Eles venceram aqui na Terra! Agora, desfrutam da eternidade. Essa palavra é o nosso consolo! Essas palavras são poderosas, tendo sido garantidas porque parte delas já foi cumprida, e Deus continua cumprindo a Sua palavra. Ele prometeu redimir o Seu povo perecendo ressuscitando-o. Isso é a maior prova que a outra parte da promessa está próxima, Jesus em breve voltará!

Jamais deixe de chorar! Se você está enlutado, não se preocupe em ser vulnerável, em chorar em meio aos seus amigos e irmãos. O próprio Jesus chorou e nunca disse para não fazermos isso. Mas o que ele diz é que ele enxugará toda lágrima, portanto, chore à vontade e saiba que ele recolherá suas lágrimas, e, por fim, as transformará em alegria.

Ore a Deus e peça ajuda para seus pastores e irmãos. Ninguém entende mais sobre o luto do que pastores, pois a perda de cada membro da igreja o faz ficar enlutado. Sofremos com você, choramos com você; sua dor é a nossa dor!

Não sofra sozinho, não se isole. **Muitos ficam sepultados em seus sentimentos com o ente amado** por anos ou mesmo até a sua morte. A sua dor tem cura! Deus quer curar você. **A saudade permanecerá, mas a dor, Ele a arrancará de dentro do seu coração** ou até mesmo da sepultura em que seus sentimentos foram enterrados. Tem alegria nova para você, tem paz nova para você, tem novidade de vida para você. Viva aqui na Terra curado e restaurado, para que você complete sua carreira e guarde a fé! **Faça da sua dor seu maior testemunho de cura**.

Venci o luto algumas vezes, mas o pior de todos foi recentemente, meu tio Jandir Bueno. Meu tio marcou muito minha vida. A pessoa que sempre me inspirou, que foi minha referência, pastor da Assembleia de Deus, homem íntegro, reto, paciente, pacífico, extremamente conhecedor das Escrituras, homem bem-sucedido em todas as áreas da vida, um amigo de todos e companheiro para toda hora. Nos mesmos dias em que fui acometido de Covid-19, ele também foi contaminado. Exatamente no mesmo período, passamos por dias difíceis e longe um do outro, eu sendo tratado em casa e ele, no hospital.

Após dias de muita luta, eu melhorei, mas ele piorou ainda mais, o que o levou à morte. Foi uma tragédia para todos nós, afinal, era o tio Jandir, aquele que era a referência de toda a família! Aquele que aparecia sem avisar para tomar café no meio da tarde, o qual tínhamos prazer em sentar com ele para ouvi-lo. Aquele que era a única pessoa com quem eu podia contar para pedir alguma ajuda, conselho, direcionamento. Ele foi o mais próximo de um pai que tive. Nós o amávamos muito!

Os primeiros dias após sua partida foram desesperadores. Fiquei como se estivesse dopado por algum remédio, com poucas palavras e uma profunda tristeza. A sensação é a de que você está em uma nuvem densa e escura. Eu desejava a solidão, meu coração estava consternado; afinal, eu não estava preparado para isso.

Mas o Consolador sempre lhe alcançará! Dias se passaram e o Espírito Santo foi me tratando, e tudo ficou muito claro, Deus o chamou para si! Ele estava pronto para partir, e nós ainda não estávamos prontos para vê-lo partir. A questão está em nós. Não queremos ser deixados por quem amamos, mas por quê? Seria talvez um pouco de egoísmo da nossa parte? Não queremos ser deixados para trás, afinal a pessoa que amamos nos servia muito! Eu tinha amor, referência, ajuda, conselho. Mas, se realmente compreendemos que a realidade é eterna, viveremos para morrer! Porque a morte, para o cristão, é simplesmente o início da vida verdadeira.

Estamos nesta jornada, nesta terra, como o peregrino do livro de John Banyan[2], a fim de alcançarmos a chegada final vitoriosos. Meu tio Jandir, como o seu familiar, terminou a carreira, a corrida da vida foi vencida, as portas finalmente se abriram para o melhor lugar de todos. Deus chama pessoas prontas, que já venceram, alcançaram a maturidade da mente nas coisas eternas. Como o apóstolo Paulo mesmo disse: o viver, para mim, é Cristo; o morrer é lucro. Assim também ele relatou em sua carta aos Filipenses, que resume exatamente a corrida da vida.

[7] Pensava que essas coisas eram valiosas, mas agora as considero insignificantes por causa de Cristo.

---

2. BANYAN, John. O *peregrino*. 1. Ed. São Paulo: Editora Berith, 2023.

⁸ Sim, todas as outras coisas são insignificantes comparadas ao ganho inestimável de conhecer a Cristo Jesus, meu Senhor. Por causa dele, deixei de lado todas as coisas e as considero menos que lixo, a fim de poder ganhar a Cristo ⁹ e nele ser encontrado. Não conto mais com minha própria justiça, que vem da obediência à lei, mas sim com a justiça que vem pela fé em Cristo, pois é com base na fé que Deus nos declara justos.

¹⁰ Quero conhecer a Cristo e experimentar o grande poder que o ressuscitou. Quero sofrer com ele, participando de sua morte,

¹¹ para, de alguma forma, alcançar a ressurreição dos mortos!

¹² Não estou dizendo que já obtive tudo isso, que já alcancei a perfeição. Mas prossigo a fim de conquistar essa perfeição para a qual Cristo Jesus me conquistou.

¹³ Não, irmãos, não a alcancei, mas concentro todos os meus esforços nisto: esquecendo-me do passado e olhando para o que está adiante,

¹⁴ prossigo para o final da corrida, a fim de receber o prêmio celestial para o qual Deus nos chama em Cristo Jesus." (Filipenses 3:7-14 – NVT).

A morte está longe de ser símbolo de derrota, pois na cruz do calvário foi justamente ao contrário, foi o estandarte da vitória de Jesus sobre a morte. E todos nós, que estamos nele, somos alcançados por essa graça do acesso à verdadeira vida.

Como no filme *Matrix* (Warner Bros. Pictures, 1999), estamos nós neste mundo paralelo, lutando todos os dias, guerreando, batalhando em cada desafio, percalços da vida, desertos, a fim de conquistar a tão sonhada passagem para o outro lado; o prêmio celestial nos aguarda. As coisas da Terra são lixo porque, afinal, nada temos, nada levaremos. A casa, o carro, bens, dinheiro no banco. Tudo isso que buscamos a vida toda conquistar, na verdade, é uma fantasia, tudo o que temos nesta terra é emprestado por Deus. Tudo o que você acha que tem, em pouco tempo será de outra pessoa, seu carro, seu terreno, suas roupas. Afinal, nada é seu.

As realidades que muitas pessoas visualizam e às quais se apegam aqui na Terra são, na verdade, uma grande ilusão da vida. O inimigo quer levar você a viver como se não houvesse amanhã, conquistando, adquirindo, enriquecendo, vivendo para si e não se preparando para o que há de vir. Nessa trajetória, não podemos ser levados pelo erro de viver aquém da carreira que precisamos percorrer até chegar até ao ponto final; não podemos ser confundidos com o que é real e eterno. A maneira que vivermos aqui na Terra dará destino à realidade da nossa vida na eternidade.

O luto é a dor de quem ficou, mas que pode ser revertida em combustível para você alcançar também a vitória de viver com Cristo na eternidade. Finalizo este capítulo com um hino marcante, "Porque Ele vive", do hinário Harpa Cristã[3], que relata a esperança de todos nós na eternidade com Cristo Jesus. Convido você a cantá-lo neste momento e ser curado do seu luto, da sua dor, da sua perda, de uma vez por todas, pelo poder do Espírito Santo. Porque Ele vive, posso crer no amanhã!

---

3. Hinário 545, *Harpa cristã*. Rio de Janeiro. Editora CPAD.

Porque Ele Vive
(Harpa Cristã)
Deus enviou Seu Filho amado
Pra me salvar e perdoar
Na cruz morreu por meus pecados
Mas ressurgiu e vivo com o Pai está

Porque Ele vive, posso crer no amanhã
Porque Ele vive, temor não há
Mas eu bem sei, eu sei que a minha vida
Está nas mãos de meu Jesus, que vivo está

E quando, enfim, chegar a hora
Em que a morte enfrentarei
Sem medo, então, terei vitória
Verei na Glória, o meu Jesus que vivo está

Porque Ele vive, posso crer no amanhã
Porque Ele vive, temor não há
Mas eu bem sei, eu sei que a minha vida
Está nas mãos do meu Jesus, que vivo está

Porque Ele vive, posso crer no amanhã
Porque Ele vive, temor não há
Mas eu bem sei, eu sei que a minha vida
Está nas mãos do meu Jesus, que vivo está
Está nas mãos do meu Jesus, que vivo está

Capítulo 4

JESUS MATOU A MORTE

A morte está longe de ser símbolo de derrota, pois na cruz do calvário foi justamente ao contrário, foi o estandarte da vitória de Jesus sobre a morte.
E todos nós, que estamos n'Ele, somos alcançados por essa graça do acesso à verdadeira vida.

"Como não viver por Aquele que morreu nossa morte, para que vivamos por Sua vida? Ser um cristão é ser constrangido pelo amor de Cristo."

John Piper

"Minha fé não repousa sobre o que sou, ou serei, ou sinto ou sei; mas sobre o que Cristo é, sobre o que Ele fez e sobre o que Ele está fazendo agora, por mim."

Charles Spurgeon

A morte morreu, Cristo viveu! Agora eu só preciso morrer em vida para viver no Céu!

CRENTE BOM É CRENTE MORTO!

Bandido bom não é bandido morto, como muito já ouvimos nesses tempos de radicais da justiça e que destilam ódio. Diferentemente, quem ama a Deus, ama ao seu próximo; isso inclui toda criatura d'Ele. Portanto, bandido bom é bandido convertido, salvo, regenerado e justificado por Jesus.

Mas o que é bom mesmo é um crente morto. Que morre para si, para sua carne, para seus pecados, e que vive para Cristo.

Já ouvi inúmeras histórias de homens e mulheres que tiveram sua vida transformada, de forma sobrenatural, realmente se cumprindo que a ação interna é realizada pelo Espírito Santo. Nós, quando anunciamos o Evangelho como suas testemunhas, somos agentes externos de Deus, com a nossa pregação e com o nosso testemunho de vida. Mas quem atua internamente é uma obra única e exclusiva de Jesus. Como diz o autor de Hebreus:

> *"Porque a palavra de Deus é viva e eficaz, e mais penetrante do que espada alguma de dois gumes, e penetra até à divisão da alma e do espírito, e das juntas e medulas, e é apta para discernir os pensamentos e intenções do coração." (Hebreus 4:12 - ACF).*

Sendo assim, a ação de Deus no homem é indiscutível; Ele chama o homem ao arrependimento e ninguém pode dizer o contrário. Quando Ele escolhe alguém, nada pode impedi-Lo; Ele é o Senhor Todo-Poderoso que atua sem qualquer restrição. Desse entendimento, como podemos julgar aqueles irmãos que já foram escravos de satanás, mas, atualmente, são santificados por Jesus?

Quando ouvimos sobre histórias de vidas anteriores ao chamado de Cristo – como um ex-traficante, ex-assassino, ex-prostituta, ex-pedófilo, ex-assaltante ou um ex-falso morto, ou crente como eu –, de todos aqueles que um dia estiveram escravizados pelo pecado, mas que nos dias atuais são justificados pelo sangue de Jesus, precisamos entender uma das mais importantes doutrinas de Deus, "a Justiça de Deus".

A justiça de Deus não pode ser comparada com a justiça do homem. Na humanidade, paga-se dente por dente, olho por olho, e somos *expert* em julgar o próximo. Imagine comigo se um estuprador de crianças fosse preso por diversos crimes. As manchetes de jornais só falariam sobre isso. Logo começaríamos o nosso julgamento, que seria quase unânime, desejaríamos que esse homem sofresse muita dor, que apanhasse, fosse torturado, dilacerado e, por fim, morto, e da pior forma possível.

Mas a justiça de Deus pode ter outro caminho para esse homem. Ele deve pagar o que ele fez conforme a justiça dos homens, mas, se ele se arrepender verdadeiramente, confessando seus pecados a Deus, o Deus todo amoroso o receberá com os seus braços abertos, afinal, ele se tornará nosso irmão, e, lá no céu, ele estará sentado ao nosso lado. Loucura, né? Na verdade, não. Todos somos pecadores, estamos na mesma situação de distinção de Deus pelo pecado. E pecado é pecado. E o perdão de Deus é o mesmo perdão para todos.

Que possamos pensar antes de julgar e apontar o dedo. Devemos olhar para nós mesmos e entender que já estivemos na mesma situação das pessoas que estamos acusando e discriminando.

> *"Deus é um juiz justo, um Deus que manifesta cada dia o seu furor. Se o homem não se arrepende, Deus afia a sua espada, arma o seu arco e o aponta, prepara as suas armas mortais e faz de suas setas flechas flamejantes."* (Salmos 7:11-13 – NVI).

Note que, no Salmo 7, Deus é um justo juiz, que se ira todos os dias contra aqueles que não se arrependem, mas, naqueles em que há arrependimento, há perdão, e todos os seus pecados foram apagados na Cruz de Jesus.

UM EX-FALSO CRENTE

Eu sou um ex-falso crente. Nasci em berço cristão, mas, como diz o ditado, filho de crente, crentinho não é. Ou filho de pastor, pastorzinho não é. Assim foi comigo. Fui criado na escola dominical, até gostava algumas vezes, outras, ia obrigado pela minha mãe. Cantava hinos, sabia de cor e salteado algumas canções e até mesmo cantava lá na frente de todos no fim da escola bíblica. Já na adolescência comecei a participar do louvor, uma banda que tínhamos só de jovens. Comecei como a meia-lua (aquele instrumento que é metade de um pandeiro só com aqueles chocalhos), instrumento que, na verdade, depois de um tempo, comecei a odiar, pois, na maioria das vezes, se não se sabe tocar no ritmo, mais atrapalha do que ajuda (músicos sabem do que estou falando).

Enfim, depois de passar um bom tempo na meia-lua, passei para outro nível, agora com a percussão, que é maneiro demais. Mas, finalmente, cheguei na tão sonhada bateria. Foi um momento incrível, que até os dias atuais sinto um amor intenso por esse instrumento, mas não toco mais em função do ministério. Na bateria, comecei a tocar em muitos cultos. E virou algo automático, eu ia na igreja para tocar, entre outras atividades não relacionadas ao Evangelho, como ver amigos e namorar. Assim se passou uma boa parte da minha adolescência, vivendo uma vida de "agente duplo" dentro da igreja. Até que um dia Jesus disse um basta para esses pecados terríveis, ele escolheu me salvar! Um certo dia, em mais um culto, cheguei para tocar, mas algo estava errado; já havia um baterista melhor do que eu; fui literalmente boicotado. Mas até isso creio que já estava no plano de Deus. Aquilo me deixou quebrado. Como podia? Eu tocava ali há um tempão! Como podia isso? Naquele momento de profunda decepção fiz uma oração daquelas que nunca esquecerei. Foi resumidamente assim: "Senhor, estou triste. Eu quero um tempo!". Sim, foi isso mesmo. Eu pedi um tempo para Deus!

Mas o mais surpreendente aconteceu: minha oração foi respondida. Não se passou nem um mês após essa "bela oração" e arranjei um trabalho em um supermercado local. A carga horária era de diarista, trabalhava de sexta a domingo até a noite. Lembro que fiquei muito feliz pelo meu primeiro emprego, mas logo lembrei que não poderia mais ir nos cultos aos finais de semana, mas restava a quarta-feira.

Cheguei para o meu pastor e expliquei a situação a ele, e enfatizei que não poderia estar nos cultos de sábado e domingo, mas que jamais faltaria a um culto sequer de quarta. Sabe quantas quartas eu fui? Isso mesmo, nenhuma. Aí começou uma fase em minha vida pela qual achei que nunca iria passar, me afastei de vez de tudo. Conheci pessoas, conheci lugares, conheci vícios, conheci prazeres efêmeros. A grande questão é que, muitas vezes, estamos bem, mas achamos que não estamos bem. Nosso achismo nos leva a tomar decisões que acabam muitas vezes nos levando à morte, como diz o texto de Provérbios: "Há um caminho que ao homem parece direito, mas o fim dele são os caminhos da morte" (Pv 14:12 – ARC).

Isso é diferente quando buscamos respostas em Deus, quando buscamos n'Ele, nos enchemos do Espírito Santo; então, somos guiados por ele. E os teus ouvidos ouvirão a palavra do que está por detrás de ti, dizendo: "Este é o caminho, andai nele, sem vos desviardes nem para a direita nem para a esquerda" (Is 30:21 – ACF).

Quando lemos o livro de Atos, após o Espírito Santo descer, vemos a sua atuação de forma intensa sobre a vida dos discípulos de Jesus:

> "Enquanto adoravam ao Senhor e jejuavam, disse o Espírito Santo: 'Separem-me Barnabé e Saulo para a obra a que os tenho chamado'. Assim, depois de jejuar e orar, impuseram-lhes as mãos e os enviaram. Enviados pelo Espírito Santo, desceram a Selêucia e dali navegaram para Chipre." (Atos 13:2-4 – NVI).

Já no capítulo 16, versículo 6, vemos o Espírito impedindo os discípulos:

> "Paulo e seus companheiros viajaram pela região da Frígia e da Galácia, tendo sido impedidos pelo Espírito Santo de pregar a palavra na província da Ásia. Quando chegaram à fronteira da Mísia, tentaram entrar na Bitínia, mas o Espírito de Jesus os impediu." (Atos 16:6-7 – NVI).

Homens que foram cheios de Deus, ouviram seu Espírito de forma clara, dirigindo seus passos, foram separados, enviados e impedidos. Quando buscamos ouvir o Espírito, ele fala; e então seguimos as suas ordens e não perdemos tempo com caminhos tortuosos. Foi exatamente o que aconteceu comigo. Eu não tinha intimidade com Deus; na verdade, não tinha nada com Ele. Quando me lembro disso, sempre falo, como pode me amar assim? Eu não merecia, ninguém merece. Mas Jesus, pela sua infinita graça, vem até nós e nos salva.

Fiquei dois anos "sobrevivendo", pois, como diz a canção da banda gospel Oficina G3, "a vida sem Jesus é dura de amargar". Um tempo em que entendi o que tinha e não tinha, pois estava na casa do Pai, mas não ceava com Ele. Era como se fôssemos visitar nossos pais no domingo, a mesa estivesse preparada para um belo churrasco e não comêssemos sequer uma lasca de costela ou não degustássemos uma bela sobremesa feita pela nossa mãe querida, ou talvez até mesmo não trocássemos uma palavra com eles. Assim é a vida de muitos na atualidade. Frequentam a casa, mas não têm comunhão com o dono da casa, apenas com os outros filhos, os irmãos. Assim, não conhecem o Pai e não entendem a oportunidade que têm de estar junto d'Ele. A grande questão é que não entendemos o que já ganhamos, algo de que falaremos em outro capítulo.

Após dois anos escravo do pecado, a iluminação do Espírito brilhou dentro de mim. Sei que as orações de minha mãe foram imprescindíveis para que o poderoso Deus me alcançasse de maneira gloriosa. Assim, algo dentro de mim já não aguentava aquela vida de solidão e profunda tristeza, pois o vazio de Deus no homem é realmente do tamanho do mundo; nada é pior que viver uma vida de escuridão profunda.

Comecei a falar com Deus e cantar enquanto trabalhava, passei alguns meses orando a Deus. Lembro que eu pedia para que o Senhor me tirasse daquele emprego e me desse outro, com um horário comercial, e foi o que aconteceu em pouco tempo. As coisas foram mudando e a chama se acendendo dentro de mim. Foi quando, num certo dia, resolvi visitar minha antiga congregação e, para minha surpresa, a palavra dirigida naquela noite foi sobre o filho pródigo; mas, assim mesmo, não dei o braço a torcer. Imaginei na minha cabeça que era uma bela coincidência.

Pois bem, resolvi ir em outro culto, na semana seguinte, em outra congregação. Era meu segundo culto após os dois anos sem pisar em uma igreja e longe de Jesus. Lembro que era uma sexta-feira, o culto começou, muitos louvores, orações, e então chegou o momento da palavra, e, para minha surpresa e demonstração do amor de Deus por mim, a palavra mais uma vez foi baseada na parábola do filho pródigo. Foi então que me rendi ao chamamento de Deus. Não pude resistir; realmente Deus estava me chamando para perto d'Ele. Foi um dia glorioso, que permanecerá em minha memória para sempre.

A partir da minha conversão genuína, comecei a viver como um discípulo de Cristo, compreendendo a graça salvífica, entendendo o que é o Evangelho, o que Jesus fez por mim e por todos os seus seguidores naquela cruz. Pois, até então, desde a minha infância até minha juventude, eu vivia uma vida de um falso crente. Apenas seguia protocolos, frequentava a igreja, mas não servia; ouvia a palavra, mas não a escutava; cantava, mas não entendia o que pronunciava; não tinha compreensão alguma do que é a cruz de Cristo.

Jesus me salvou, me resgatou, me escolheu, como eu sou grato por isso, por tudo o que ele fez para buscar este imundo pecador. Eu não merecia, como nenhum homem e mulher merecem, é pura graça.

Eu perdi alguns anos da minha vida vivendo um engano, enganando pessoas, parentes e irmãos e, principalmente, enganando a mim mesmo, mas, no final de tudo isso, só me resta gratidão. Jesus me salvou! Salvou-me do meu engano, de uma vida fictícia que estava me levando para o inferno. Se você está lendo isto no presente e se encontra nesta mesma situação, há uma boa notícia para você, o perdão em Jesus, e ele está de braços abertos para lhe receber como um filho autêntico e que, agora, quer viver uma vida autêntica com ele.

MORTO COM CRISTO

> "Fui crucificado com Cristo. Assim, já não sou eu quem vive, mas Cristo vive em mim. A vida que agora vivo no corpo, vivo-a pela fé no filho de Deus, que me amou e se entregou por mim."
>
> (Gálatas 2:20 – NVI)

Quando recebi a iluminação do Espírito, a respeito de quem eu era e do que Cristo fez por mim, tudo mudou. Eu praticamente nasci dentro da igreja, frequentei muitos anos até ficar afastado por dois anos, mas minha conversão se deu, de fato, quando retornei do período de dois anos conhecendo os prazeres do mundo. Eu me converti, ou melhor falando, Jesus me salvou, me aceitou, quando eu tinha dezoito anos de idade. Agora, sim, não vivo mais eu, mas Cristo vive em mim.

Muitos crentes, na atualidade, encontram-se como eu no passado, muitos estão dentro de uma igreja, talvez há anos, mas não se converteram ao Senhor, não entenderam o Evangelho, vivem de forma informal, anônima, sem morrer e viver para Deus. O ápice de que não há entendimento é que o que estamos pregando é uma questão de vida ou morte! O Evangelho de Jesus é isso, eu vivo de fato e inteiramente para ele, 100%, uma vida de loucura, pois é isso que é servir a Cristo, loucura para os homens, mas sabedoria aos que creem. Ou estamos mortos em nossos delitos, vivendo uma vida de mentira, de engano e condenação. Tenho visto muitos "frequentarem" uma igreja por diversos motivos. Porque gostam dos louvores, são encorajados emocionalmente pela palavra, recebem conforto, um momento de alívio, ou muitas vezes porque gostam do ambiente da igreja, que tem uma boa recepção e acolhimento dos irmãos. Mas seus ouvidos continuam fechados, vivem a mesma vida lá fora, uma vida de pecado, negligenciando a graça de Deus.

Isso é terrível. Estão caminhando a passos largos para o inferno. Certa vez, ouvi de um pastor que, quando ele estava em viagem pela Europa, ele foi abordado no aeroporto por uma pessoa que o conhecia. E essa pessoa lhe disse estar maravilhada sobre como a igreja brasileira estava cheia de membros e crescia rapidamente nos últimos anos. A resposta do pastor não foi o que aquele homem esperava, pois ele lhe disse que a igreja brasileira estava "inchada", e que inchaço é sinônimo de doença. Ou seja, nos dias atuais, muitos templos gigantescos estão lotados, mas de pessoas que não querem compromisso com Jesus, apenas querem os seus feitos, as suas bênçãos. Isso, é claro, muito também pelos falsos profetas, que vendem Cristo como um mágico da lâmpada, para quem as pessoas fazem pedidos e Jesus tem que responder. Sem deixar de enfatizar também a ignorância de muitos que são levados por essas doutrinas falsas.

Isso é religião. Na religião eu entrego e recebo algo em troca. "Toma lá, dá cá". Não estou dizendo que Jesus não faça milagres, mude situações, restaure casamentos e todas as bênçãos bíblicas disponíveis, mas, sim, quero esclarecer que tudo o que o Senhor faz por nós são migalhas perto do que ele já fez por nós na cruz. A salvação é o maior milagre; nada se compara a isso. E devemos nos achegar a Jesus pelo que ele é e não pelo o que ele faz. Isso é amar a Deus.

RESSUSCITADOS COM CRISTO

"Portanto, já que vocês ressuscitaram com Cristo, procurem as coisas que são do alto, onde Cristo está assentado à direita de Deus. Mantenham o pensamento nas coisas do alto, e não nas coisas terrenas. Pois vocês morreram, e agora a sua vida está escondida com Cristo em Deus."

(Colossenses 3:1-3 – NVI)

O texto nos diz que ressuscitamos com Cristo. Ora, para ressuscitar é preciso morrer. Portanto, todo crente já morreu, é claro, espiritualmente. No capítulo anterior de Colossenses, no versículo: "Já que vocês morreram com Cristo para os princípios elementares deste mundo...". (Cl 2:20 – NVI).

Morremos, mas é uma morte diferente. É uma morte que traz vida, vida em abundância.

Morremos para os princípios elementares deste mundo, para tudo que nos impulsiona para longe de Deus, morremos para nossos desejos carnais, desejos terrenos, sentimentos obscuros; e, então, centralizamos nossa mente em Cristo, e assim devemos seguir até o final. É uma morte diferente, pois já estávamos mortos em nossos delitos e pecados, como diz o texto: "Mas já em nós mesmos tínhamos a sentença de morte, para que não confiássemos em nós, mas em Deus, que ressuscita os mortos;" (2Co 1:9 – ARC).

Tínhamos uma sentença de morte, já estávamos condenados, pois pecamos contra Deus, O ofendemos, O negamos: "Porque todos pecaram e destituídos estão da glória de Deus"; (Rm 3:23 – ACF).

Mas, pela bondade e misericórdia de Deus, ele nos convida para sermos participantes de sua cruz. Isso é impressionante!!!

Podemos ver isso de forma clara quando Jesus estava percorrendo a via dolorosa, cheio de dores, sofrimento, angústias, peso dos pecados de todos nós, carregando a cruz pesada, em um momento desta caminhada para o maior evento do mundo. Jesus, então, tem um pequeno momento de alívio, quando pegaram um homem chamado Simão, de Cirene, para que ajudasse Jesus a carregar a sua cruz. Jesus convida a todos nós a sermos participantes da cruz com ele, essa cruz que nos faz sermos participantes para a glória com Cristo, mas não sem antes também participarmos de momentos de dores, sofrimentos de nossa caminhada, carregando cada um a sua cruz.

Precisamos entender que estamos sendo preparados diariamente para vivermos eternamente na glória com Jesus. O caminho não vai ser fácil. A vida com Jesus é repleta de desafios, tantas lutas, tantas dores, mas com a certeza de que chegaremos até o final, pois o Deus Todo-Poderoso tem nos comissionado. Ele nos dirige, envia. Portanto, se é Deus que traça nossos caminhos, por que temeremos?

Pedro e os discípulos estavam no barco, aguardando Jesus, pois ele estava se despedindo do povo que acabara de ver o milagre da multiplicação de cinco pães e dois peixinhos. Logo após a longa despedida, pois eram 5 mil pessoas alimentadas e satisfeitas, Jesus vai orar.

Já é alto da madrugada, uma tempestade, os discípulos estão apavorados, temendo a morte, ventos fortes, muitas ondas, uma imensa escuridão, e, no meio desse caos, o esquecimento do que poucas horas antes eles presenciaram, um grande milagre de Jesus. Voltaram-se para a incredulidade, e não somente isso, esqueceram-se de quem os tinha enviado. Jesus os enviou, deu uma ordem a eles, que obedeceram, mas se esqueceram. Ora, aquele que faz sinais e maravilhas, pelos quais já era conhecido, presenciado por eles, os tinha enviado. Será mesmo que Jesus tinha enviado-os para a destruição? Jesus os enviou, isso já bastava para estarem certos de que aquele que envia, e ao qual obedecem, estava controlando toda a sua passagem pela tempestade.

Jesus nos enviou, assim como os apóstolos, e nesse envio já temos a garantia de que chegaremos no final. Passaremos por grandes tempestades e passaremos, ainda, por muitas outras, mas temos a certeza de que Jesus sempre vem ao nosso encontro, caminhando sobre as águas, caminhando sobre os nossos temores. Ele usa exatamente o que nos dá medo como ponte para chegar até nós. **O que Pedro e os discípulos tinham medo, Jesus veio caminhando sobre! Ele pisa no medo, ele usa como ponte.** Tudo está debaixo dos seus pés. Ser participante da cruz não é nada fácil, e não será até o fim.

> *"Eu lhes disse essas coisas para que em mim vocês tenham paz. Neste mundo vocês terão aflições; contudo, tenham ânimo! Eu venci o mundo." (João 16:33 – NVI).*

> *"Eu os estou enviando como ovelhas entre lobos. Portanto, sejam prudentes como as serpentes e simples como as pombas." (Mateus 10:16 – NVI).*

> *"É necessário que passemos por muitas tribulações para entrarmos no Reino de Deus."* (Atos 14:22 – NVI).
>
> *"Entrai pela porta estreita; porque larga é a porta e amplo o caminho que conduz à perdição, e são muitos os que entram por ela. Como é estreita a porta, e apertado o caminho que leva à vida! São poucos os que a encontram."* (Mateus 7:13-14 – NVI).

Mas Jesus está conosco. Temos visto seus milagres e veremos ainda mais a cada dia. Venceremos pelo seu nome, chegaremos até o final, não podemos perder a oportunidade de glorificar a Deus nesses momentos de tormentos em nossas vidas. Como diz o pastor John Piper, "Pois nada glorifica mais a Deus do que mantermos nossa estabilidade e alegria, quando perdemos tudo, menos a Deus".[4]

Martinho Lutero disse a mesma coisa: "O sofrimento é essencial para conhecermos a palavra de Deus como devemos". Ele baseou-se no Salmo "Foi-me bom ter sido afligido, para que aprendesse os teus estatutos" (Sl 119:71 – ARC).

---

4. PIPER, John. *O sorriso escondido de Deus.* São Paulo: Shedd, 2002. p. 52.

Mas toda essa participação pelo caminho da cruz tem um lugar de chegada. Esse lugar ao qual nos apegamos pelas promessas das Escrituras, vemos pela fé, pois Cristo está conosco. As promessas nos impulsionam para o que é eterno.

No livro de John Bunyan, *O peregrino*, um clássico da literatura cristã, uma das cenas mais fantásticas é quando o cristão se lembra, no calabouço do castelo da dúvida, que tem uma chave para a porta: "Que tolo eu tenho sido, ficar assim numa masmorra fedorenta, quando posso sair andando livre. No bolso do meu peito eu tenho uma chave chamada promessa, a qual – disto estou plenamente convencido – abrirá qualquer fechadura do Castelo da Dúvida".[5]

Precisamos morrer! Morrer para a nossa carne, nosso ego, orgulho, achismos, vontades, e tudo o que for corrompido, para que, então, possamos viver uma nova vida, com tudo novo! Abrindo mão de nós mesmos para viver Cristo, para, assim, poder ecoar juntamente ao apóstolo Paulo, "Para mim o viver é Cristo, e o morrer é lucro" (Fp 1:21 – ARC). Mais uma vez quero citar este texto, pois ele é muito profundo. Quero que você, querido leitor, perceba a segurança desta palavra.

---

5. BUNYAN, John. *O peregrino*. 1. Ed. São Paulo: Editora Berith, 2023. p. 103.

> *"Portanto, já que vocês ressuscitaram com Cristo, procurem as coisas que são do alto, onde Cristo está assentado à direita de Deus. Mantenham o pensamento nas coisas do alto, e não nas coisas terrenas. Pois vocês morreram, e agora a sua vida está escondida com Cristo em Deus." (Colossenses 3:1-3 – NVI).*

Estamos com Cristo, ele vive em nós, como diz o texto do Evangelho de João, capítulo 15, versículo 5, "Eu sou a videira; vocês são os ramos. Se alguém permanecer em mim e eu nele, esse dá muito fruto; pois sem mim vocês não podem fazer coisa alguma" (Jo 15:5 – NVI).

Ele é a videira, nós os ramos, estamos ligados a ele. Portanto, precisamos buscar as coisas do alto. Mas o que são as coisas do alto? Todo ensino e obra de Cristo, conhecimento dele, vida dele. Relacionamento com ele. Quanto tempo você tem passado com Jesus no seu secreto? Esta é a pergunta mais necessária neste momento, pois é a maior necessidade de todo aquele que está na videira; é receber os seus nutrientes para que os seus frutos sejam fortes e produtivos.

Eu amo o culto em nossas congregações, amo estar reunido com os irmãos, cantar, pregar, servir.

Adorar a Deus por horas em vigílias. Como é bom tudo isso. Mas eu não troco tudo isso pelo meu secreto! Há o secreto com o meu Pai, nada chega perto disso; é o momento em que estou a sós com meu Senhor, é o momento em que Ele mais fala comigo. Nada substitui isso.

O serviço na igreja e para os irmãos não é secreto. Servir não substitui o secreto. Talvez você possa servir em várias áreas de sua igreja, fazer um monte de coisas, chegar cedo e ser um dos últimos a sair. E, mesmo assim, você pode não estar se relacionando com o Pai. Certa vez, fui aconselhar um jovem que estava cometendo alguns erros na sua vida. Ele servia na igreja. Perguntei pra ele em quantos departamentos ele estava ajudando. E, para minha surpresa e espanto, ele me disse que em sete! Imediatamente pedi para ele sair de seis deles e ficar apenas em um. Precisamos aprender a dizer não às vezes.

Lembro-me da história do renomado pastor e evangelista Billy Graham que foi um grande homem de Deus, pregou em estádios lotados em várias partes do mundo tocando milhares de pessoas pelo Evangelho através da sua pregação. Ele realmente tinha relacionamento com o Senhor. Ele também foi escritor, tendo publicado várias obras incríveis, e, além disso, foi conselheiro de vários presidentes dos EUA, como Richard Nixon, Harry Truman, George H. W. Bush e Barack Obama, e também foi conselheiro da rainha Elizabeth II. No dia da sua morte, em 21 de fevereiro de 2018, o presidente Donald Trump disse no Twitter: "O GRANDE Billy Graham está morto. Não havia ninguém como ele! Sua ausência será sentida pelos cristãos e todas as religiões. Um homem muito especial".

Billy Graham disse não! E não foi a um pedido qualquer. Ele foi convidado para concorrer à presidência dos EUA. Certamente ele ganharia a eleição, por ser muito popular e respeitado em toda a América, mas ele recusou. A sua resposta foi a seguinte: "Eu não vou deixar de ser embaixador da Pátria Celestial para ser presidente dos Estados Unidos. Vocês querem me rebaixar de cargo?"[6].

Muitas vezes precisamos dizer não. Fazemos muitas coisas apenas para não desagradar pessoas e não estamos percebendo que estamos sendo distraídos. Quantas vezes adiamos nossos propósitos e objetivos para simplesmente não decepcionar

---

6. Disponível em: https://eshoje.com.br/fe-publica/2023/08/por-que-pastores-
-nao-devem-ser-politicos/ Acesso em: 6 mar. 2025.

ninguém? Eu estou aprendendo, nestes doze anos de ministério pastoral, que, na maioria das vezes, as solicitações urgentes de atendimento e socorro pastoral não são tão urgentes assim. Umas das tarefas mais importantes de um ministro não é o púlpito, a pregação, o culto, mas, sim, a oração e o estudo da palavra. Isso é relacionamento. É melhor um homem de joelhos do que em cima de um púlpito.

Minha meta sempre é: a cada uma hora de pregação, eu preciso de, no mínimo, dez vezes mais em oração, estudo e preparação. O maior tempo de um pastor tem que ser no secreto. Mas isso não serve somente para os ministros. A Bíblia deixa claro que o secreto é para todos: "Mas quando você orar, vá para seu quarto, feche a porta e ore a seu Pai, que está no secreto. Então seu Pai, que vê no secreto, o recompensará" (Mt 6:6 – NVI).

Precisamos manter nossa atenção às coisas do alto, pois já morremos para as coisas desta terra. Estamos aqui, mas não é o nosso lugar final.

ARREPENDIDOS EM CRISTO

No Brasil, em nossos dias, está hypado se intitular evangélico. Vemos artistas famosos, cantores de músicas seculares, políticos, jogadores, entre outros, declararem-se "crentes". Mas a sua vida não condiz com a de um cristão, a sua vida não muda em nada, a não ser acrescentar no seu currículo um título religioso. **Ter Cristo em você significa você não ter nada do mundo. Tudo tem que mudar, a sua rota é ressignificada, o seu coração é preenchido por Deus, não há espaço mais para o pecado e seu caráter é transformado.**

Segundo uma pesquisa do Instituto Brasileiro de Geografia e Estatística (IBGE), em 1991, o número de evangélicos era cerca de 10 milhões em todo o Brasil, mas, em 2010, esse número cresceu significativamente, passando para 42,3 milhões. Estimativas recentes apontam que mais de 80 milhões de brasileiros se dizem evangélicos, cerca de 35% da população total.

Diante desse crescimento exponencial, eu pergunto: se o número de evangélicos cresce de forma acelerada em nosso país, por que não há mudança? Porque a criminalidade só aumenta, a maldade do homem prevalece, a corrupção é vista em todas as esferas da sociedade, ocorrem crimes terríveis – como filho matando os pais e pais matando filhos – , pedofilia desenfreada entre outras transgressões atrozes.

Alguma coisa está muito errada. Estamos falhando como igreja! Que Evangelho está sendo apresentado? Atualmente, no meio evangélico, temos várias cosmovisões totalmente distorcidas das Escrituras, como o liberalismo teológico, o antropocentrismo e a teologia da prosperidade.

As pessoas não estão morrendo dentro das igrejas, a sua carne está viva! O que leva ao novo nascimento, à regeneração do homem, tem o seu princípio no arrependimento. Arrependimento é profunda dor pelo pecado, é chorar pelo que somos e fizemos, é um profundo estado de consciência da sua maldade e escolha pelo pecado. Mas, principalmente, é nunca mais voltar às velhas práticas.

"Pedro respondeu: Arrependam-se, e cada um de vocês seja batizado em nome de Jesus Cristo, para perdão dos seus pecados, e receberão o dom do Espírito Santo" (At 2:38 – NVI).

Arrependimento é um dos temas centrais das Escrituras. Se não houver arrependimento, não há perdão. **Muitas vezes já ouvi pregações e ensinamentos a respeito do homem pedir perdão todos os dias pelos seus pecados. Isso não é errado, mas incompleto. Não adianta pedir perdão sem arrependimento, isso pode até causar uma falsa sensação de justificação. Mas, no fim, nada mudou.** O que precisamos é pedir para que o Espírito Santo derrame arrependimento para o seu povo para, então, pedir perdão e ser perdoado por Deus. Sem arrependimento não há perdão; pedir perdão apenas só vai acumular a ira de Deus sobre nós. E continuaremos ainda escravos da carne. É claro que arrependimento é uma ação contínua da obra de Deus em nossa vida, é um processo de santificação. Arrependimento leva a não voltarmos a cometer os mesmos pecados e a odiar o que fazíamos antes.

Vemos nas Escrituras um claro exemplo de falso arrependimento: Judas, o apóstolo que traiu Jesus com um beijo. Após esse fatídico episódio, parece que, num primeiro momento, ele está arrependido, pois, observando suas atitudes, tudo parece levar-nos a crer nisso. Ele chorou pelo que fez, ele reconheceu o seu erro, justificou-o a Jesus e devolveu as trinta moedas de pratas que foi o seu pagamento para entregar Jesus. Todas essas atitudes nos levam a pensar que ele estava de fato arrependido. Mas não é o que acontece. Ele foi tomado por um profundo remorso, mas não arrependimento, e isso o consumiu tanto que ele tirou a sua própria vida. **O remorso pode levar à morte de forma errada, arrependimento leva à morte da nossa carne apenas para que, então, possamos ter uma nova vida.**

A palavra "arrependimento" em grego é metanoia (μετάνοια), que significa conversão, mudança de direção, mente, atitudes, temperamentos, caráter. Literalmente, *metá* significa "mudar", e *noéo* significa "pensamento, opinião, mentalidade". Arrependimento é mudança total que nos leva a um profundo relacionamento com Deus e um desejo de obedecer aos Seus mandamentos. Já o remorso é uma emoção! Causa tristeza, angústia e vergonha. Mas não passa disso, não há mudança! A emoção pode nos enganar, mas só as atitudes revelarão se continuamos os mesmos ou aconteceu uma metanoia.

Resumindo, arrependimento significa conversão, aquilo de que tanto falamos, mas que é muito mais profundo do que apenas um "eu aceito Jesus" e vou para frente do altar. O que temos visto é um outro tipo de conversão, uma conversão à igreja. Ou seja, as pessoas ficam deslumbradas com o ambiente que nós proporcionamos, com uma recepção amorosa, uma boa cadeira com lugar climatizado, luzes no palco, som e telão de LED, com louvores que lhes fazem se sentir bem e uma palavra de encorajamento, um café e novas amizades com pessoas bacanas. Isso é inserido na sua vida, um novo local de convivência, como se fosse um clube. Então você começa a fazer parte, também servindo como voluntário, também ajudando nas demandas do serviço.

Esse voluntariado é o que muitas vezes se torna uma espécie de justificação própria, ou seja, eu continuo com os meus pecados, mas eu os justifico com o meu serviço, como se as obras causassem esse efeito.

Mas a conversão não é por obras, como diz o texto de Efésios: "Pois vocês são salvos pela graça, por meio da fé, e isto não vem de vocês, é dom de Deus" (Ef 2:8 – NVI).

E a justificação não se faz por obra do homem, mas pela obra redentora de Jesus na cruz do calvário. A justificação é por meio da fé, que se dá a partir de um verdadeiro arrependimento. Então, somos justificados por Jesus, justificação que significa como se o pecado nunca tivesse existido. Não há mais acusação contra nós!

A conversão à igreja é bem diferente da conversão a Jesus. Mas o que mais encontramos nessa gama de 80 milhões de evangélicos é exatamente isso. Convertidos a uma filosofia de vida, com novas pessoas e um local legal.

Porém os pecados continuam os mesmos e a vida não muda. **A sua boca pode até cantar e falar sobre Jesus, mas a sua vida, na prática, não canta e prega ao Senhor,** assim como a advertência de Jesus aos falsos religiosos: "Este povo me honra com os lábios, mas o seu coração está longe de mim. Em vão me adoram; seus ensinamentos não passam de regras ensinadas por homens" (Mt 15:8-9 – NVI).

Mas eu creio em uma igreja morta! Uma igreja que morreu para si e vive para Cristo, uma noiva que está sendo aperfeiçoada a cada dia, que ama ao Senhor, que está em missão nesta terra! Precisamos como nunca falar sobre a verdadeira conversão para que possamos impactar de fato este país, com homens e mulheres que não apenas carregam um título religioso, mas que de fato são de Cristo! Crente bom é crente morto!

Se você é um falso crente, eu lhe convido a clamar o Espírito Santo para que ele derrame sobre sua vida arrependimento. Só ele pode fazer essa obra em você, mas é preciso buscar, desejar e clamar. Não seja mais o mesmo, mas morra, e você terá uma nova vida, tanto aqui na Terra como na eternidade. Jesus matou a morte por você, mate sua carne e viva para Cristo!

Capítulo 5

MORRER PARA VIVER

O seu valor não se mede com o que você tem na Terra, o seu valor se mede com o que você planta no céu. Precisamos entender que estamos sendo preparados diariamente para vivermos eternamente na glória com Jesus.

> *"Pensei que o velho homem tinha morrido nas águas do batismo, mas descobri que o infeliz sabia nadar. Agora tenho que matá-lo todos os dias".*
>
> Martinho Lutero

Temos que morrer todos os dias, estar sempre vigilantes para o velho homem, e viver a nova vida que Jesus nos deu. Para isso, precisamos saber quem nos tornamos. Se eu morri, eu tenho uma nova identidade.

LEMBRANDO QUEM É VOCÊ!

Lembro-me de que, alguns anos atrás, trabalhava em uma transportadora na qual exercia funções administrativas. Durante muito tempo esta era minha rotina: pegava o ônibus logo cedo pela manhã para ir para a empresa todos os dias e, no fim do dia, voltava com o mesmo transporte. Mas tinha um dia na semana em que eu me dava o luxo de ir de carro, um Chevette 1985 a álcool; nos dias de frio era uma maravilha para pegar!

Toda sexta-feira era o melhor dia da semana. Primeiramente porque era o último dia da semana e, em segundo lugar, porque eu ia de carro, ou melhor, de Chevette. Mas eu era muito feliz por isso, afinal foi o meu primeiro carro, conquistado com o fruto do meu trabalho já quando eu tinha meus dezoito anos.

Uma dessas sextas-feiras foi um pouco diferente. Peguei meu carro para ir trabalhar; ele deu partida logo depois de muita oração e de um pouco de raiva. Mas deu certo. Cheguei ao trabalho e, como sempre, foi um dia intenso, mas vencido. No fim do dia, bati o ponto e, então, fui para a parada de ônibus. Depois de caminhar cerca de 300 metros, sentei no banco da parada, aguardei por alguns minutos o ônibus chegar, finalmente. Quando as portas se abriram e eu coloquei o pé dentro do coletivo, me veio à memória o que eu não podia ter esquecido: eu tinha ido trabalhar de carro! Foi um misto de sentimentos, um pouco de indignação comigo mesmo e também um pouco de alegria, pois voltaria para casa de carro e de forma mais rápida!

Como nós gostamos de esquecer das coisas – ensinamentos, objetos, palavras e pessoas, de tudo um pouco, na verdade, – assim também precisamos constantemente ser lembrados de fatos cruciais, como quem somos, qual o nosso propósito e para onde estamos indo.

> *"Todavia, lembro-me também do que pode dar-me esperança: Graças ao grande amor do Senhor é que não somos consumidos, pois as suas misericórdias são inesgotáveis. Renovam-se cada manhã; grande é a tua fidelidade! Digo a mim mesmo: a minha porção é o Senhor; portanto, nele porei a minha esperança. O Senhor é bom para com aqueles cuja esperança está nele, para com aqueles que o buscam."(Lamentações 3:21-25 – NVI).*

Muitas vezes precisamos trazer à memória o que é extremamente importante, mas por que lembrar? Pelo simples fato de que nos esquecemos, e como esquecemos. São diversas situações, coisas, compromissos, contas, pessoas, memórias, até mesmo pequenos objetos, como uma simples caneta.

No entanto, o que quero lembrar nesta obra são elementos cruciais da nossa fé! Mas qual fé? A primeira, a fé em nós mesmos; quem você é de fato? Você já parou para se perguntar algo tão simples, mas, ao mesmo tempo, complexo? Simples, porque podemos dizer que eu sou o Fulano, filho do João e da Maria. Mas também complexo, como quem eu sou no quesito personalidade. Talvez a pergunta verdadeira a ser feita seja: "E como eu sou?". Como eu trato as pessoas, como eu me relaciono, como eu lido com os meus traumas, como eu resolvo as minhas feridas? Como eu me lembro de minhas cicatrizes? Ou quem eu sou em relação ao meu propósito ou qual o sentido da minha vida?

Pode parecer fácil responder, ou pode parecer uma questão que você já superou, mas, para muitos, ainda é uma incógnita. Todos já passamos ou vamos passar por essa fase de dúvida a respeito da própria identidade.

Antes de continuarmos, pare um pouco e se pergunte quem você é.

Talvez você se encontre num turbilhão de pensamentos neste momento, até mesmo com dúvidas e lembranças do passado. E, talvez, no fim desta reflexão, você ainda diga: "Eu ainda tenho dúvidas a respeito de quem eu sou de fato".

Muitas vezes, só vamos ter consciência da nossa identidade quando ocorrem situações adversas, muitas delas na forma de dor e dificuldade. Talvez seja porque Deus está nos chamando para nos descobrirmos n'Ele, pois pertencemos a Deus, e existem dores que Ele permite que passemos até Ele nos ter por completo. É na dor que conhecemos nossos limites. Eu, por exemplo já desmaiei por causa da dor. Um dia, cheguei na frente da casa de um amigo e, quando desci do carro, fechei a porta com os meus dedos junto. Lembro-me de que a dor foi tão insuportável que sentei dentro do carro e, de repente, apaguei. Acordei depois de um tempo sem saber muito bem o que tinha acontecido.

Ou é em situações que nos incomodam que descobrimos o nosso temperamento, ou seja, como eu vou responder diante de uma desavença ou constrangimento. Ou quando preciso falar em público e descubro que sou mais envergonhado do que pensava, ou quando sou contrariado e não consigo controlar a minha raiva. Ou quando estou diante de um problema que não vejo como solucioná-lo e, diante disso, percebemos que somos limitados e dependentes de transformação.

Mas a resposta para quem somos trará sentido para todas as demais dúvidas. **Quem somos fará todo o sentido; os olhos são abertos, a mente refrigera, o coração se alegra.**

LEMBRE-SE, VOCÊ É FILHO DE DEUS

"Mas, a todos quantos o receberam, deu-lhes o poder de serem feitos filhos de Deus, aos que creem no seu nome."

(João 1:12 – ACF)

Quem é filho de Deus? O texto deixa isso muito claro. Todos os que creem em Jesus! Nem todos são filhos de Deus, são criaturas. Mas aqueles que o receberam e creram no seu nome receberam o poder de se tornarem filhos de Deus. Que fantástico isso; recebemos um poder! E que poder maravilhoso, o maior poder de todos, mais do que qualquer super-herói. Recebemos o poder de nos tornarmos filhos de Deus através do seu filho Cristo Jesus. Esse poder está disponível a qualquer um; é para todos!

Talvez você viva ou viveu uma crise de identidade paterna, como eu. Aos dois anos de idade minha mãe fugiu do meu pai, isso mesmo. Morávamos no interior do estado do Rio Grande do Sul, numa cidade chamada Ibiaçá, com uma população de pouco mais de 4 mil e 500 habitantes. Nessa época da fuga de minha mãe, meu pai era o único barbeiro da cidade, uma pessoa do bem, segundo ouvi falar a seu respeito. Mas ele tinha um problema, ele bebia muito e, quando bebia, se tornava agressivo. Nesse contexto, minha mãe veio para a região metropolitana de Porto Alegre, para a cidade na qual resido até os dias atuais, Canoas.

Em Canoas, viemos morar com meus avós, mas logo depois minha mãe conheceu outra pessoa, que foi meu padrasto por muitos anos. Ele me criou, deu sustento e uma tentativa de figura paterna. Porém, não existia afeto algum, nunca ouvi um "eu te amo", palavras de carinho e, muito menos, ganhei algum presente durante toda a minha infância, nunca ganhei um par de meias. Mas não o culpo por isso, pois, pelo que ouvi falar, ele recebeu uma criação parecida.

Foi nesse ambiente paterno que me encontrei por muito tempo. Tinha um pai, mas não era meu pai. Eu não tinha uma segurança de filho que pudesse correr para o seu pai em momentos difíceis. Sempre me senti incompleto por isso.

Mas, quando recebi Deus Pai como meu pai, consegui suprir toda a falta que tive ao longo dos anos. O texto diz: "Mas a todos, o quanto o receberam" (João 1:12 – ACF). Receber e entender quem Deus é, e quem eu sou n'Ele.

LEMBRE-SE, VOCÊ É A IMAGEM E SEMELHANÇA DE DEUS

> *Então disse Deus: "Façamos o homem à nossa imagem, conforme a nossa semelhança. Domine ele sobre os peixes do mar, sobre as aves do céu, sobre os animais grandes de toda a terra e sobre todos os pequenos animais que se movem rente ao chão. Criou Deus o homem à sua imagem, à imagem de Deus o criou; homem e mulher os criou".*
>
> (Gênesis 1:26-27 – NVI)

Quem é você? Como responder a essa estrondosa pergunta? Vamos começar pelo início, você é um portador da imagem de Deus. Deus conferiu essa honra somente à humanidade, nos criou à sua própria imagem. Mas o que seria isso de fato?

De forma prática, refletimos, reproduzimos como Deus era no princípio, ou seja, antes da queda do homem; na criação sem pecado, o homem refletia a bondade e Sua glória ao mundo. O mesmo ocorreu com Moisés, por um período de tempo, depois de ter uma experiência com Deus no monte Sinai; ao descer do monte com as duas tábuas da lei, o seu rosto refletia a glória de Deus a todos a ponto de, a princípio, as pessoas terem medo de Moisés.

Quando um homem busca Deus, como Moisés no monte Sinai, ele fica cheio da Sua glória; e, quando olhamos para um homem cheio de Deus, ficamos muitas vezes assustados com tudo o que pode ser reproduzido por um homem com intimidade com Deus.

O homem saiu da presença com Adão, herdamos o pecado em nós. Já não refletíamos como deveríamos, como era no projeto inicial de Deus. Mas, ainda assim, Deus resolveu, pela Sua infinita graça e misericórdia, resgatar o relacionamento como era no início. E isso se deu através de Cristo Jesus, que pagou o preço da reconciliação. Portanto você foi habilitado por Deus a refletir quem Ele é e glorificá--Lo neste mundo. Morremos com Cristo no batismo e, se estivermos com Cristo, viveremos eternamente com ele.

Como diz o pastor Mark Discoll, "Ser um reflexo de Deus implica pensar com a cabeça, sentir com o coração e agir com as mãos"[7]. Devemos pensar nos pensamentos de Deus e concordar com a Sua

---

7. Disponível em: https://leitorcristao.wordpress.com/2014/12/10/quemvocepensaquee/ Acesso em: 6 mar. 2025.

verdade, conforme revelada nas Escrituras. Precisamos sentir os sentimentos de Deus, como o ódio, a injustiça e a opressão, o amor pelas pessoas, a tristeza pelos efeitos devastadores do pecado e a alegria na redenção. Temos que nos unir à obra de Deus usando nossas mãos para servir os outros, cristãos ou não cristãos, com atos de compaixão e generosidade. Quando refletimos algo de Deus com nossa mente, nosso coração e nossas mãos, por amor a Ele e às pessoas, cumprimos aquilo para que fomos criados. Isso nos alegra, beneficia o próximo e glorifica Deus.

LEMBRE-SE, VOCÊ PERTENCE A DEUS

"Dizem-lhe eles: De César. Então ele lhes disse: Dai pois a César o que é de César, e a Deus o que é de Deus."

(Mateus 22:21 - ACF)

Os fariseus estavam tramando contra Jesus, pois estavam incomodados com os ensinamentos e milagres do mestre. Então, decidiram tentar apanhá-lo em alguma palavra, ou seja, alguma palavra na qual Jesus iria contra a lei ou contra Roma, portanto, eles teriam motivos para prendê-lo e condená-lo.

Questionaram-no a respeito do tributo, se era certo pagar tributo a César ou não. Jesus, percebendo a maldade deles, respondeu de forma muito sábia e que também aponta para a nossa realidade de pertencimento.

Jesus pediu para lhe mostrarem a moeda do tributo e eles trouxeram uma moeda de um denário. Logo Jesus disse: "De quem são esta imagem e descrição na moeda?". Eles falaram: "De César". Jesus respondeu: "Dai a César o que é de César, e a Deus o que é de Deus".

Primeiramente, Jesus pergunta sobre a imagem na moeda, porque a imagem revela a quem ela pertence. A imagem era de César, logo a moeda pertencia a César. Quanto ao que é de Deus, qual a imagem de Deus? A imagem de Deus, segundo Gênesis 1:26, somos nós. Assim, se nós somos a imagem de Deus, nós pertencemos a Deus. Dai a Deus o que é de Deus. A descrição de César estava em uma moeda da terra. Mas a imagem do homem reflete o Deus que está no céu. O que é da Terra se acaba, o que é do céu jamais tem fim. Você não é filho apenas na Terra, você é um filho eterno, criado para a eternidade!

O seu valor não se mede com o que você tem na Terra, o seu valor se mede com aquilo que você

planta no céu. As pessoas nos examinam e nos julgam pelas nossas posses; Jesus olha para o valor do nosso coração. Qual é o valor do seu coração? O que você diz com as suas palavras? Pois a boca fala do que o coração está cheio. Você está dizendo palavras que agregam valor para a eternidade? Ou seus lábios só destilam murmuração porque você gostaria de ter coisas da terra? Talvez seja por esse motivo que Deus não abençoa muitas pessoas, pois talvez muitos fariam como o jovem rico, que, apesar de obedecer a leis, amava mais o dinheiro do que Deus. E não adianta obedecer e não amar! Como diz o texto:

> "E, respondendo ele, disse: Amarás ao Senhor teu Deus de todo o teu coração, e de toda a tua alma, e de todas as tuas forças, e de todo o teu entendimento, e ao teu próximo como a ti mesmo." (Lucas 10:27 – ACF).

Só obedecer aos mandamentos não basta, o jovem rico era fiel em toda a lei, mas não amava o Deus das leis, e isso não era o suficiente para o Senhor. Jesus, após o jovem afirmar que em tudo ele era obediente à lei, pede para que ele venda os seus bens e os dê aos pobres. Nesse momento, percebemos que o jovem tem a intenção do seu coração revelada, ele não amava o Deus dos céus mais que ele tinha aqui na Terra. Ele trocou o criador pelas coisas criadas, o incorruptível pelo corruptível, o que é eterno pelo que tem validade.

Se você pertence a Deus, tudo o que você tem pertence a Ele. Se pararmos para pensar, **tudo aqui na Terra é emprestado ou alugado pelo Senhor, não temos o direito de nada desta Terra, pois daqui não levaremos nada.**

A única coisa que temos é a nossa eternidade, cujo futuro podemos decidir. Que esse futuro eterno seja com o Senhor, que assim vivamos para a Sua glória aqui na Terra, enquanto não subimos para a glória no céu.

LEMBRE-SE, ONDE ESTÁ VOCÊ

A primeira pergunta feita após a queda do homem foi: "Adão onde **está** você?" Foi como se Deus dissesse: "Adão por que você fez isso? Por que comeu o fruto proibido, por que me trocou pelo pecado?".

Foi uma pergunta difícil, foi como se nosso pai nos pegasse no flagra diante de uma arte de criança que fomos avisados para não fazer.

Mas a questão foi muito mais séria, foi um marco na história da humanidade tão emblemático que, por toda a cronologia do mundo percorrida até aqui, e também até o final de tudo o que a humanidade vai passar no futuro, ainda fomos atingidos pelo pecado de Adão. Mas, graças a Deus, temos a redenção em Cristo, que nos reconciliou com Deus através do seu sangue na cruz do calvário. Jesus é o segundo Adão, o Adão perfeito, que veio para redimir o homem. **Onde o primeiro Adão falhou, Jesus restaurou!**

No jardim do Éden a pergunta foi feita: "Adão onde está você?". Agora, no jardim do sepulcro de Jesus (o Adão perfeito), a pergunta foi feita mais uma vez, mas de forma diferente. A pergunta feita por Maria foi: "Onde **está** Jesus?".

Aqui encontramos uma cena sendo reconstituída. Primeiro, a queda aconteceu num jardim, mas a reconciliação também aconteceu num jardim. Segundo, onde o primeiro Adão falhou, o segundo Adão (Jesus) triunfou! No primeiro jardim o pecado levou à morte, no segundo jardim a morte levou à vida! A segunda carta de Paulo aos Coríntios nos deixa ainda mais clara a resposta à pergunta "Onde está você?": "Assim que, se alguém está em Cristo, nova criatura é; as coisas velhas já passaram; eis que tudo se fez novo" (2Co 5:17 - ACF).

Nós estamos em Cristo! Portanto, eu não procuro mais em mim mesmo as respostas, mas, sim, em Cristo. Eu não estou mais perdido e sem rumo, eu estou em Cristo. LEMBRE-SE, JESUS NOS DIZ PARA NEGARMOS A NÓS MESMOS EM VEZ DE SERMOS NÓS MESMOS!

> "Então Jesus disse aos seus discípulos: Se alguém quiser acompanhar-me, negue-se a si mesmo, tome a sua cruz e siga-me.
>
> Pois quem quiser salvar a sua vida, a perderá, mas quem perder a sua vida por minha causa, a encontrará.
>
> Pois, que adiantará ao homem ganhar o mundo inteiro e perder a sua alma? Ou, o que o homem poderá dar em troca de sua alma?."
> (Mateus 16:24-26 - NVI).

Uma paráfrase na versão bíblica A MENSAGEM:

> "Quem quiser seguir-me tem de aceitar a minha liderança. Quem está na garupa não pega na rédea. Eu estou no comando. Não fujam do sofrimento, de jeito nenhum. O autossacrifico é o caminho - o meu caminho - para

> *que vocês descubram sua verdadeira identidade. Qual é a vantagem de conquistar tudo que se deseja, mas perder a si mesmo? O que vocês teriam para dar em troca da sua alma?"*
> (Mateus 16:24-26 – A MENSAGEM).

Fica muito claro neste texto que quem deve estar no comando é Jesus, no comando da sua vida; ele, o grande comandante da nossa embarcação, o Senhor, o bom pastor, e, não, você. Aqui se inicia algo libertador! Mas parece o contrário, não é mesmo? E é algo profundamente difícil para qualquer um de nós. Imagine você entregar todo o comando da sua vida a outra pessoa. Essa pessoa vai tomar decisões por você, qual caminho deve seguir, qual faculdade deve fazer, qual trabalho escolher, com quem você deve se relacionar, para onde você deve ir, qual roupa deve vestir. Isso parece uma loucura, é claro. Quem pode tomar decisões sobre mim melhor do que eu mesmo?

A resposta é Jesus. Seus pensamentos e propósitos são muito melhores e maiores que os nossos, ele vê o que não vemos, ele sabe o que não sabemos. Quando iniciamos algo, ele já sabe como vai terminar. Ele tem o controle do tempo, do conhecimento e do futuro. Pois bem, se ele dirigir a minha vida, não tem como dar errado; já parou para pensar nisso, em como será diferente?

Quantos erros, quantas decepções, quantos maus negócios, quantos maus relacionamentos, quantas amizades que só nos trouxeram prejuízo. Mas, se o Deus soberano me guiasse sobre tudo, como seria diferente, tudo acabaria bem e perfeito, pois Ele sabe de tudo, Ele tem o controle de todo o universo, Ele é o Deus homem perfeito. Como nossa vida pode ser diferente sem o peso da autossuficiência! Que paz é estar nas mãos que medem o céu a palmos!

Tentamos ser quem não somos, "usamos máscaras", achamos que temos o controle de tudo a nosso respeito, de todas as situações em que estamos inseridos, mas não temos controle algum. O caminho para o conhecimento da verdadeira identidade é o autossacrifício, mas sacrificar o quê? Eu creio que o principal sacrifício seja a autossuficiência. Somos instigados desde cedo, na infância, a pensar coisas como: "O que vou ser quando crescer", "Qual profissão vou escolher", "Como vou pagar minhas contas", "Como terei uma casa, um carro", "Como vou pagar a faculdade". **A autossuficiência nos leva a confiar demasiadamente em nós mesmos** e, quando não alcançamos o que pretendíamos, nos decepcionamos, e os questionamentos vêm mais uma vez.

Mas o que Deus quer que entendamos é que existe um cuidado todo especial sobre nós, um cuidado pessoal, de um pai perfeito, que sabe das nossas limitações, que nos conhece como ninguém, que sabe que somos fracos, limitados, e que precisamos urgentemente d'Ele. Na verdade, isso é libertador, um fardo sai dos nossos ombros, como diz: "Venham a mim, todos os que estão cansados e sobrecarregados, e eu lhes darei descanso" (Mt 11:28 – NVI). Em Jesus há descanso, há identidade revelada, sabemos quem somos, sabemos que somos limitados e que não conseguimos sozinhos.

Quando nascemos, precisamos do cuidado de uma mãe, precisamos ser alimentados, limpos, carregados, ou seja, somos totalmente dependentes de outra pessoa. Quando envelhecemos, perdemos as forças, a mente já não é a mesma, a coordenação motora não acompanha o raciocínio, os olhos se cansam, os ouvidos não escutam, e cada vez mais nos tornamos dependentes, mais uma vez, de outra pessoa para cuidar de nós. No entanto, isso não ocorre somente quando somos bebês ou estamos velhos. Somos dependentes não simplesmente de outra pessoa, mas dependentes espiritualmente do nosso criador durante toda a nossa vida. Sem Ele estamos perdidos, decepcionados e sem forças para vencer as adversidades da vida.

Talvez você esteja pensando que isso é falta de confiança em si mesmo, que não é bem assim. Pois a Psicologia Moderna afirma que somos fortes, que temos um leão dentro de nós, que basta despertá-lo.

Há muitos livros de autoajuda publicados, mas quero dizer que eles são uma droga. São uma tentativa do homem de tentar tudo sozinho, com suas próprias forças, sem a dependência de alguém, o que sempre acaba em decepção. Você nasceu dependente e vai morrer dependente de outra pessoa, e durante toda a nossa vida somos dependentes do nosso criador.

LEMBRE-SE, HÁ PROPÓSITO: A MISSÃO DE DEUS EM NÓS

Não tenha medo de viver o seu chamado,
mas para isso você terá que morrer.

Há um grande milagre de Jesus conhecidíssimo por todos nós, a multiplicação de cinco pães e dois peixinhos. Estavam reunidos cerca de 5 mil homens, sem contar mulheres e crianças; conforme teólogos, a estimativa era de 12 mil pessoas no total. Além de alimentar essa multidão, sobraram doze cestos cheios de alimento. Que grande milagre aconteceu!

Havia 12 mil pessoas para alimentar, doze pessoas para servir e apenas uma oferta de uma criança. Existe uma multidão faminta que precisa se alimentar de Jesus, que é o pão da vida. Existem poucos que querem servir, levar essas pessoas até Jesus, e um número menor ainda dos que querem se fazer de oferta para isso, se doar, morrer para si mesmos para que uma multidão tenha vida. Uma pessoa, no poder do Espírito Santo, pode levar alimento para uma multidão, mas ela tem que morrer totalmente. É por isso que existem poucos para essa tarefa tão esplêndida, **pois melhor do que viver sem propósito, é morrer por algo que traz vida.** Como diz o texto:

"Digo-lhes verdadeiramente que, se o grão de trigo não cair na terra e não morrer, continuará ele só. Mas se morrer, dará muito fruto. Aquele que ama a sua vida, a perderá; ao passo que aquele que odeia a sua vida neste mundo, a conservará para a vida eterna. Quem me serve precisa seguir-me; e, onde

estou, o meu servo também estará. Aquele que me serve, meu Pai o honrará." (João 12:24-26 – NVI).

Da morte nasce a vida. O grão de trigo enterrado na terra morre, arrebenta de dentro para fora. É assim que gera a plantinha, o pé de trigo. Só morrendo, dando-se a si mesmo, pode produzir fruto; foi isso que Jesus fez por nós. Não é para morrer fisicamente, é para morrer ainda em vida. Morrer para as nossas vontades e desejos da nossa carne para que possamos de fato marcar a terra com uma grande colheita por meio de nós. Precisamos gerar em nós alimento de Cristo para alimentar as multidões, necessitamos gerar em nosso ventre espiritual a presença de Deus, o poder de Deus, para que sejamos instrumentos em Suas mãos. Foi assim que aconteceu no tempo em que Israel foi entregue nas mãos dos filisteus. O povo fez o que era mau perante o Senhor, o desobedeceu, mas depois de quarenta anos de cativeiro, Deus interveio mais uma vez na história.

"E havia um homem de Zorá, da tribo de Dã, cujo nome era Manoá; e sua mulher, sendo estéril, não tinha filhos. E o anjo do Senhor apareceu a esta mulher, e disse-lhe: Eis que

agora és estéril, e nunca tens concebido; porém conceberás, e terás um filho. Agora, pois, guarda-te de beber vinho, ou bebida forte, ou comer coisa imunda. Porque eis que tu conceberás e terás um filho sobre cuja cabeça não passará navalha; porquanto o menino será nazireu de Deus desde o ventre; e ele começará a livrar a Israel da mão dos filisteus." (Juízes 13:2-5 – ACF).

Deus estabeleceu um plano e, mais uma vez, Ele levantou um homem apenas para mudar o percurso do Seu povo. Por amor a Israel, o Senhor preparou um libertador, um homem que foi gerado de uma forma peculiar, separado, esperado. Então, o anjo apareceu à mulher de Manoá, que era estéril, e esse é um grande detalhe, pois isso prova que a vida procede d'Ele e quando Ele quer. É interessante que os grandes homens de Deus na história também tinham suas mulheres com incapacidade de gerar vida. Esses homens são aqueles que Deus se apresenta como o Deus deles, Abraão, Isaque e Jacó. Suas mulheres, Sara, Rebeca e Raquel, não tinham capacidade de gerar vida dentro de si, eram estéreis, mas Deus fez isso para mostrar que toda vida procede d'Ele, e assim, através dessas mulheres, a promessa de nações se cumpriu. Deus gera vida onde é impossível para o homem; só Ele gera vida em nós, como diz o texto:

> *"Cante, ó estéril, você que nunca teve um filho; irrompa em canto, grite de alegria, você que nunca esteve em trabalho de parto; porque mais são os filhos da mulher abandonada do que os daquela que tem marido", diz o Senhor." (Isaías 54:1 - NVI).*

Então, o anjo do Senhor disse à mulher que ela teria um filho, mas este filho deveria ser gerado de forma especial, pois o anjo disse a ela: não beberás vinho nem bebida forte e não comerás comida imunda, e não lhe passará navalha em sua cabeça porque ele foi designado por Deus para livrar o povo israelita das mãos dos filisteus.

Quando Deus chama um homem para grandes coisas, ele tem que abrir mão até das pequenas coisas, ele tem que abrir mão de tudo!

Quando estamos gerando algo dentro de nós, um propósito de Deus, isso vai lhe custar tudo, até as pequenas coisas. Talvez você queira ser um pregador do Evangelho, sente seu coração queimando por esse lindo ministério; precisa, então, abrir mão de tempo para estudar, se preparar, jejuar, andar com a sua Bíblia ou até comê-la, precisa esmagar seus desejos. E eu não estou falando de pecado, pois, assim como Deus pediu para a mulher de Manoá coisas que não eram proibidas, como beber, comer, ou raspar a cabeça do menino, assim também é para aqueles que são chamados para um grande propósito. Há coisas que não podem mais prender a nossa atenção, como assistir a um filme, por exemplo, ou ficar assistindo a uma série por horas. Não há pecado nisso, **mas, para aqueles que têm uma grande missão, tem coisas que não podem dominar o seu coração.**

Eu gostava muito de filmes e séries, mas, atualmente, tem momentos em que não consigo ficar sequer uma hora na frente da televisão. Isso não me preenche, não sinto mais prazer nessas coisas, pois sinto como se estivesse perdendo tempo. Nos dias atuais, para prender minha atenção, o filme tem que ser muito bom, e, mesmo assim, eu fico distraído com outros pensamentos, pois sinto que algo continua a ser gerado dentro de mim, que tem uma urgência de Deus para este mundo, e Ele está chamando Seus missionários para, talvez, a sua última grande missão aqui nesta terra. Ele está chamando homens que se levantem na autoridade do Espírito Santo para pregar o Evangelho sem medo de ferir alguém, pois a ação da palavra é morte para a carne, e isso causa dor, morrer dói. Homens que declarem cura sobre o enfermo e libertação ao cativo, e que sejam apaixonados pela missão de Deus. E busquem o preenchimento pelo Espírito Santo todos os dias. O maior problema é que, na atualidade, encontramos em nossos púlpitos e igrejas muito mais de pessoas, mas pouco de Deus, pregações que são mais palestras e pregadores que mais parecem animadores de palco. Não estamos num circo para agradar pessoas, e Deus não é um leão desse circo, Ele é o leão da tribo de Judá! Ele não é um rei Momo, Ele é o rei dos reis e senhor dos senhores.

Precisamos urgentemente levar a sério o que estamos fazendo na igreja e o cristianismo. **Que tipo de crente você é? Aquele que gosta de uma animação ou aquele que se entrega totalmente à adoração?** Não temos mais tempo! Toda a igreja está em missão, não apenas os pastores e líderes.

Minha oração é para que se levantem os doze que ajudaram a servir pão para uma multidão e muitos mais, aqueles que vão ofertar tudo o que têm para isso, como a criança que ofereceu cinco pães e dois peixinhos. **A questão não é o quanto de Deus você tem, é o quanto Deus tem de você.** Quanto mais renunciarmos, mais Deus terá de nós, quanto mais dissermos "eu não tenho capacidade", então ele nos capacitará. Aquilo de mais precioso que você tem para ofertar é a sua própria vida; você está disposto para isso? Você pode dizer para Deus no presente momento "Eis me aqui, Senhor"?

LEMBRE-SE, VOCÊ NÃO TEM O CONTROLE

Um momento que me marcou muito foi quando fui chamado para fazer um velório de um rapaz de 33 anos. Era um sábado de manhã, eu estava a caminho de uma loja de som para comprar algumas coisas que faltavam em nossa igreja, pois naquela noite teríamos uma grande vigília. O telefone tocou, uma moça no outro lado da linha disse: "Pastor, eu sou irmã do Giuliano. Ele congrega com vocês faz apenas um mês, mas ele acabou de falecer. O senhor poderia fazer o velório dele?". Eu disse sim e perguntei o que tinha acontecido. Ela me disse que ele teve um ataque cardíaco fulminante e morreu na hora. Ele não tinha muito pior do que Lázaro, que nada tinha. O seu destino foi o inferno, onde ficará para sempre, pois, uma vez lá, não existe passagem de volta. O que define nosso destino é somente o que fazemos aqui na Terra. Então, ele teria que amargar o sofrimento eterno, cheio de horrores e ranger de dentes, onde o fogo jamais se apagava e o verme não morria. Dali, todavia, ele podia contemplar Lázaro, agora vivendo como rico na eternidade. Nesse momento, ele clamou para que Lázaro molhasse na água a ponta do seu dedo e lhe refrescasse a língua, pois seu tormento era tamanho a ponto de não ter qualquer refrigério. A narrativa bíblica, a seguir, relata o desfecho dessa história.

"Disse, porém, Abraão: Filho, lembra-te de que recebeste os teus bens em tua vida, e Lázaro somente males; e agora este é consolado e tu atormentado. E, além disso, está posto um grande abismo entre nós e vós, de sorte que os que quisessem passar daqui para vós não poderiam, nem tampouco os de lá passar para cá. E disse ele: Rogo-te, pois, ó pai, que o mandes à casa de meu pai, pois tenho cinco irmãos; para que lhes dê testemunho, a fim de que não venham também história, a do Rico e Lázaro. Para alguns, é uma simples parábola contada por Jesus; para outros, como eu, trata-se de uma história verdadeira, pois Jesus não dava nome aos personagens quando ele falava por parábolas. Mas, além do nome de Lázaro ser revelado, também é citado nessa parábola o patriarca Abraão. Jesus contou que existia um homem muito rico, que tinha muitos bens, e desfrutava do bom e do melhor. Mas ele tinha um coração duro a ponto de não se compadecer de pessoas necessitadas, como o mendigo Lázaro, que estava a sua porta em certa ocasião pedindo ajuda, pois, além de sua situação de rua, estava enfermo. O rico ignorou o seu sofrimento, não se importou com sua dor e sua necessidade.

Pois bem, a morte chegou para ambos. Primeiro morreu Lázaro, que foi levado para o paraíso com os justos que lá se encontravam; agora ele estava curado e sem necessidades, findaram-se suas angústias. Ele começou a desfrutar da infinita bondade de Deus e de tudo que o Senhor tem preparado para também nós desfrutarmos.

Passado algum tempo, a morte chegou para o rico. O seu destino foi diferente do de Lázaro. Ele, que viveu com tudo desta terra, agora se encontrava é um enigma, ninguém pode retornar da morte para contar o que acontece de fato.

Mas o que nós cremos é o que a Bíblia nos diz; a Bíblia não apenas como um livro religioso, a Bíblia é a palavra de Deus, uma carta de Deus para os homens. Ela trata sobre todas as etapas da história humana, tanto sobre eventos que já aconteceram, que se cumpriram conforme as promessas bíblicas, como também sobre eventos futuros e sobre o destino final do homem. Costumo falar que a Bíblia é um grande spoiler da história da humanidade. *Spoiler* é uma palavra em inglês cuja tradução é "estragador", e se refere a revelar antecipadamente informações importantes sobre filmes, livros, séries ou animes, como se fosse a revelação de um resumo antecipado daquilo que vamos assistir ou ler.

Conforme as Escrituras, há um lugar eterno para todos os fiéis em Jesus. A eternidade aguarda os filhos de Deus que O amam sobre todas as coisas. O grande detalhe é: onde você passará sua eternidade? Há apenas dois caminhos, um oposto ao outro, um de sofrimento, outro de alegria; um de angústia, outro de paz; um de tormento, outro de refrigério. No Evangelho de Lucas, capítulo 16, a partir do versículo 19 ao 31, encontramos uma emblemática

*"A vida é curta, mas a eternidade é longa.
Não brinque com a sua alma."*
Billy Graham

*"Pois a morte não é mais do que uma
virada de nós do tempo para a eternidade."*
William Penn

ONDE VOCÊ PASSARÁ A ETERNIDADE

Em algum momento da sua vida essa pergunta já lhe veio à mente, ou, cedo ou tarde, ela virá. Todos procuram uma resposta, mas, ainda assim, diante de algumas respostas filosóficas ou religiosas, talvez não seja o suficiente. Porque o que vem após a morte

A eternidade é certa. Você não morre, apenas deixará este mundo, alguns pela morte do seu corpo, outros pelo grande dia do Senhor, o arrebatamento da igreja. O céu é real, assim como o inferno. Mas onde você passará a eternidade?

O mundo nos aceita por aquilo que fazemos, Deus nos aceita por aquilo que Ele fez. Você não é o que Ele fizeram, mas sim o que Jesus lhe fez. Você não é o que você faz, mas sim o que Jesus já fez.

VIVER PARA A ETERNIDADE

Capítulo 6

nova história, como em um dos nossos *slogans*. Essa história pode parecer triste por um momento, mas você está enganado, é uma história com final feliz. Após dezessete anos longe de Jesus, vivendo os prazeres aparentes deste mundo, com a tristeza profunda de estar longe da sua identidade, Jesus o resgatou, sim, foi um resgate poderoso. Jesus o tomou para si. Um mês antes ele começou a viver a alegria da salvação, que se tornou uma alegria plena e por toda a eternidade. Agora ele está desfrutando da vida abundante com o Senhor, vivendo da melhor forma possível. Ele venceu, foi resgatado, escolhido, amado, recolhido. **O mundo nos aceita por aquilo que fazemos, Deus nos aceita por aquilo que Ele fez. Você não é o que lhe fizeram, mas sim o que fez. Você não é o que faz, mas sim o que Jesus já fez.**

A sua identidade só vai ser completa em Cristo! O Deus que criou todas as coisas para a sua glória e permanece ativo para todo sempre não tem como negar que, por trás das cortinas do palco do mundo, existe um Deus Todo-Poderoso controlando todas as coisas, inclusive a sua vida.

qualquer problema de saúde, seu corpo era saudável, e simplesmente isso aconteceu. Quando cheguei ao cemitério, fui conversar com os amigos e colegas dele; então, fui surpreendido pelos relatos que escutei. Giuliano estava há dezessete anos longe da igreja, dezessete anos longe dos caminhos do Senhor. Mas, há um mês, ele tinha voltado para Jesus e a congregar em nossa igreja. Há apenas um mês! Então, seus colegas me contaram que ele nunca esteve tão feliz como no último mês, ele estava totalmente diferente. Ele tinha, inclusive, comprado um teclado para começar a tocar na igreja, ele estava radiante pelo novo tempo em sua vida e fazendo novos planos. **Naquele sábado tivemos uma vigília na igreja, sua irmã nos contou que ele estava ansioso para ir e adorar ao Senhor, mas mal sabia ele que iria adorar ao nosso Deus pessoalmente naquele dia, face a face com Deus na eternidade.** Olhe a graça de Deus, que mistério! Um homem que passou dezessete anos afastado de Deus, logo quando volta, o Senhor o chama para Si. A vigília dele se tornou eterna no céu, ele iria passar algumas horas conosco, mas foi passar a eternidade em adoração no céu!

Ele estava vibrante com o que está vivendo com o Senhor, com a sua igreja. Ele estava vivendo uma

> *para este lugar de tormento. Disse-lhe Abraão: Têm Moisés e os profetas; ouçam-nos. E disse a ele: Não, pai Abraão; mas, se algum dentre os mortos fosse ter com eles, arrepender-se-iam. Porém, Abraão lhe disse: Se não ouvem a Moisés e aos profetas, tampouco acreditarão, ainda que algum dos mortos ressuscite." (Lucas 16:25-31 – ACF).*

O desespero era tamanho a ponto de o rico pedir para que Abraão mandasse Lázaro até a sua casa avisar os seus irmãos sobre o terrível tormento em que ele se encontrava, a fim de que eles não fossem também para ali. Pois esse seria também o destino deles em vista da vida que viviam. Mas a resposta foi não, pois Deus está falando desde sempre por meio de seus profetas. E, como diz o autor aos Hebreus, só tem uma chance para todos os homens aqui nesta terra:

> *"E, como aos homens está ordenado morrerem uma vez, vindo depois disso o juízo, assim também Cristo, oferecendo-se uma vez para tirar os pecados de muitos, aparecerá segunda vez, sem pecado, aos que o esperam para salvação." (Hebreus 9:27-28 – ACF).*

O que plantamos nesta terra será exatamente o que colheremos na eternidade, como diz a carta do apóstolo Paulo aos Gálatas:

> *"Não se deixem enganar: de Deus não se zomba. Pois o que o homem semear, isso também colherá. Quem semeia para a sua carne, da carne colherá destruição; mas quem semeia para o Espírito, do Espírito colherá a vida eterna. E não nos cansemos de fazer o bem, pois no tempo próprio colheremos, se não desanimarmos." (Gálatas 6:7-9 - NVI).*

Semear para o Espírito é praticar o seu fruto em nós, praticando as boas obras, vivendo nesta terra para Cristo e sonhando com a eternidade. Se semearmos para a carne, estamos também destinados a colher a eternidade na perdição eterna, ou melhor dizendo, no inferno.

O INFERNO É REAL

Atualmente, precisamos lidar com diferentes cosmovisões de diversos assuntos referentes aos ensinos bíblicos e, principalmente, lidar com aqueles que geram desconforto, como o ensino bíblico sobre o inferno. Muitos teólogos modernos estão trazendo à tona heresias do passado; parece até moda ressurgirem debates antigos. Tudo isso em nome da "pseudotolerância" ou da filosofia pluralista, a fim de transmitir um falso conforto ao homem e deixá-lo aquém das suas responsabilidades e consequências; pois, para relativizar o pecado, é preciso alterar muita coisa dos ensinos bíblicos, e uma delas é sobre o inferno. O argumento derivado da filosofia é: como um Deus onipotente e benevolente concilia-se com a teodiceia? Em outras palavras: como um Deus Todo-Poderoso e bondoso permite o mal no mundo?

Se Deus é bom, jamais sentenciaria pessoas para um sofrimento eterno. Seria contraditório o Deus de amor lançar homens e mulheres à perdição eterna.

Porém o problema já se inicia com a formulação da pergunta, que é tendenciosa, colocando Deus no banco dos réus. Mas o que acontece é justamente o contrário. Deus é o justo juiz! Nós somos os acusados e condenados.

A pergunta correta seria: como um Deus tão santo, reto e justo ainda permite que o homem viva? Porque Deus não nos faz pagar a nossa dívida de maldade e de irreverência diante d'Ele, vivendo aquém do seu criador, rejeitando-o e confortando-o a todo tempo.

Deus tem derramado sua misericórdia todos os dias sobre o homem, não sabemos até quando, mas ainda há tempo. E Ele mesmo nos oferece um advogado, Jesus, aquele que pagou o preço pelo pecado e assegurou novamente a comunhão do homem com o seu criador. O que se precisa é render-se a Cristo, confessá-lo como Senhor e salvador, e viver uma nova vida para sua glória. São oferecidas opções em relação ao destino final do homem, como descrito a seguir, porém elas contradizem as Escrituras. A *posteriori*, falaremos a respeito do que a palavra de Deus nos diz.

> I – Reencarnação – tem sido a visão mais popular. Os que ensinam essa concepção nos dizem que temos múltiplas e sucessivas vidas. No túmulo de Alan Kardec tem o seguinte lema: 'Nascer, morrer, renascer e progredir sempre; esta é a lei'. A Escritura não ensina reencarnação. Antes, ela diz: 'aos homens está ordenado morrerem uma vez, vindo depois disso o juízo' (Hb 9:27 – ACF).
>
> II – Materialista/Naturalista – este grupo, embora menor, tem forte expressão. Eles nos dizem que não temos alma, que somos apenas corpo e que, ao morrer, deixamos de

existir. Tomando as Escrituras como autoritativa, encontramos o Senhor Jesus dizendo: 'E não temais os que matam o corpo e não podem matar a alma; temei antes aquele que pode fazer perecer no inferno a alma e o corpo' (Mt 10:28 - ACF).

III - Universalistas - alguns contemporâneos têm adotado esta visão. Entre eles o próprio Rob Bell. É também a teoria exposta no livro A cabana (William P. Young, Sextante, 2008). Eles ensinam que, no final, todos que estão no inferno serão salvos e o inferno esvaziado. Por pensarem que todas as religiões conduzem a Deus, entendem, então, que todas as pessoas serão salvas. Porém, não é isso que Jesus Cristo ensinou. Na verdade, a própria morte de Jesus é sinal de que apenas alguns serão salvos (cf. Mt 22:8 e Mc 10:45). Também disse Isaías ecoado em Paulo: 'Também Isaías clama acerca de Israel: Ainda que o número dos filhos de Israel seja como a areia do mar, o remanescente é que será salvo' (Rm 9:27 - ACF).

IV - Purgatório - esta é a doutrina esposada pelo catolicismo romano. De fato, a não ser no livro apócrifo de 2 Macabeus 12:46, as

Escrituras não reconhecem tal doutrina. O que ela ensina? Ouçamos o que diz o catecismo católico: "Os que morrem na graça e na amizade de Deus, mas não estão completamente purificados, embora tenham garantida a sua salvação eterna, passam, após a sua morte, por uma purificação, a fim de obterem a santidade necessária para entrarem na alegria do céu'. (CIC 1030 – 1032).

V- Aniquilacionismo – é a crença de que os incrédulos não irão sofrer eternamente no inferno, mas que, após algum tempo, serão extintos e deixarão de existir. Embora homens de Deus como John Stott tenham crido nesta doutrina, à luz das Escrituras e da história da Igreja como registrada nas Confissões, a posição cristã tem sido de que os ímpios sofrerão eternamente no inferno. Ouça o que diz a Escritura: 'E o diabo, que os enganava, foi lançado no lago de fogo e enxofre, onde estão a besta e o falso profeta; e de dia e de noite serão atormentados para todo o sempre (Ap 20:10; cf. 14:9-11 e 19:20)."[8]

---

8. Disponível em: https://teologiabrasileira.com.br/a-realidade-biblica-sobre-o-inferno/. Acesso em: 7 fev. 2025.

O inferno é um lugar de castigo, eterno e consciente; uma vez lá, nunca mais poderá sair. Jesus refere-se ao inferno como um lugar de "fogo que nunca se apaga" (Mc 9:43 – ACF). O último livro da Bíblia deixa bem claro como será o castigo eterno no inferno:

> *"Um terceiro anjo os seguiu, dizendo em alta voz: 'Se alguém adorar a besta e a sua imagem e receber a sua marca na testa ou na mão, também beberá do vinho do furor de Deus que foi derramado sem mistura no cálice da sua ira. Será ainda atormentado com enxofre ardente na presença dos santos anjos e do Cordeiro, e a fumaça do tormento de tais pessoas sobe para todo o sempre. Para todos os que adoram a besta e a sua imagem, e para quem recebe a marca do seu nome, não há descanso, dia e noite.'" (Apocalipse 14:9-11 – NVI).*

Fica muito claro, por meio do texto anterior que não haverá descanso, será um tormento ininterrupto. Não haverá mais uma chance, não haverá mais tempo, mas vai sobrar choro e ranger de dentes. Como é descrito na conhecida parábola dos talentos, contada por Jesus, o servo inútil teve um destino muito claro: "E lancem fora o servo inútil, nas trevas, onde haverá choro e ranger de dentes" (Mt 25:30 – NVI).

Continuando o texto a partir do versículo 31, Jesus vai finalizar uma das suas pregações mais emblemáticas, que começou no capítulo 24 do Evangelho de Mateus e é finalizada em Mt 25:31-46 – NVI, falando sobre a vida eterna e o castigo eterno.

"Quando o Filho do homem vier em sua glória, com todos os anjos, assentar-se-á em seu trono na glória celestial. Todas as nações serão reunidas diante dele, e ele separará umas das outras como o pastor separa as ovelhas dos bodes. E colocará as ovelhas à sua direita e os bodes à sua esquerda. 'Então o Rei dirá aos que estiverem à sua direita: Venham, benditos de meu Pai! Recebam como herança o Reino que lhes foi preparado desde a criação do mundo. Pois eu tive fome, e vocês me deram de comer; tive sede, e vocês me deram de beber; fui estrangeiro, e vocês me acolheram; necessitei de roupas, e vocês me vestiram; estive enfermo, e vocês cuidaram de mim; estive preso, e vocês me visitaram'.

'Então os justos lhe responderão: 'Senhor, quando te vimos com fome e te demos de comer, ou com sede e te demos de beber? Quando te vimos como estrangeiro e te acolhemos, ou necessitado de roupas e te vestimos? Quando te vimos enfermo ou preso e fomos te visitar?' 'O Rei responderá: 'Digo-lhes a verdade: o que vocês fizeram a algum dos meus menores irmãos, a mim o fizeram'. "Então ele dirá aos que estiverem à sua esquerda: 'Malditos, apartem-se de mim para o fogo eterno, preparado para o diabo e os seus anjos. Pois eu tive fome, e vocês não me deram de comer; tive sede, e nada me deram para beber; fui estrangeiro, e vocês não me acolheram; necessitei de roupas, e vocês não me vestiram; estive enfermo e preso, e vocês não me visitaram'. 'Eles também responderão: 'Senhor, quando te vimos com fome ou com sede ou estrangeiro ou necessitado de roupas ou enfermo ou preso, e não te ajudamos?' 'Ele responderá: 'Digo-lhes a verdade: o que vocês deixaram de fazer a alguns destes mais pequeninos, também a mim deixaram de fazê-lo'. 'E estes irão para o castigo eterno, mas os justos para a vida eterna'."

O paralelo deste último versículo indica indiscutivelmente que ambos os estados não terão fim. O destino desse fim vai ser a consequência de como vivemos aqui nesta era. Mas como ser justo para colher a vida eterna? Amando Deus e o próximo como a ti mesmo, esse é o resumo dessa passagem como também de toda a lei e a extensão dela. Amar a Deus implica em crer, obedecer, conhecê-Lo, viver para Sua glória, amar a sua igreja, negar a si mesmo, amar e servir a todos a quem podemos.

Um dia seremos pesados em balança; esse dia chegará para todos. Para mim, um dos textos mais impactantes sobre o juízo de Deus é o descrito no livro do profeta Daniel: "Tequel: foste pesado na balança, e foste achado em falta" (Dn 5:27 – ACF).

Essa passagem fala sobre a profanação do rei Belsazar com as taças do templo de Deus, filho do rei Nabucodonosor, que, no final da sua vida, para alguns teólogos, se converteu ao rei dos reis. Mas, ao contrário dele, o seu filho seguiu um caminho de destruição. Então, apareceram uns dedos de mão humana que escreveram na parede do palácio real. Era a sentença do rei Belsazar, que foi interpretada pelo profeta Daniel, a descrição dizia:

"Esta é a inscrição que foi feita: MENE, MENE, TEQUEL, PARSIM.

"E este é o significado dessas palavras: Mene: Deus contou os dias do teu reinado e determinou o seu fim.

Tequel: Foste pesado na balança e achado em falta.

Peres: Teu reino foi dividido e entregue aos medos e persas." (Daniel 5:25-28 – NVI).

Naquela mesma noite o rei foi morto; teve um fim trágico, foi condenado, achado em falta. Foi morto, mas ele viverá eternamente no lago de fogo.

As Escrituras nos ensinam claramente sobre a existência do inferno e sua finalidade. Embora a palavra "inferno" não seja amplamente utilizada na Bíblia, ela é descrita de várias maneiras para nos dar uma compreensão do seu horrível significado. Termos como abismo, Sheol, Hades, Tártaro, Geena e lago de fogo são utilizados para representar a natureza do inferno como um lugar de tormento, destruição e tristeza eterna. Essas descrições visam nos alertar sobre a realidade e a seriedade do destino dos ímpios na eternidade. O inferno foi criado para punir o diabo e seus anjos, e aqueles que morrem em seus pecados também enfrentam essa terrível realidade.

Mas Deus deseja que ninguém vá para o inferno, por isso enviou Jesus para pagar o preço pelos nossos pecados e assim sermos salvos para viver com ele eternamente. Todos pecaram e foram destituídos da glória de Deus (Rm 3:23). A consequência do pecado é o inferno, pois o pecado é uma afronta contra Deus, é uma rejeição por Ele, é viver aquém de nós mesmos. Deus pune o pecado, mas também é justo e recompensa a retidão. Deus, por ser santo e perfeito, nada de imperfeito pode entrar na Sua presença. Por isso, estamos sendo aperfeiçoados por Ele para o grande dia do Senhor sobre as nossas vidas, em que morreremos para este mundo, mas viveremos para toda a eternidade com Cristo Jesus.

"Diga-lhes: 'Juro pela minha vida, palavra do Soberano Senhor, que não tenho prazer na morte dos ímpios, antes tenho prazer em que eles se desviem dos seus caminhos e vivam. Voltem! Voltem-se dos seus maus caminhos! Por que iriam morrer, ó nação de Israel?'." (Ezequiel 33:11 – NVI).

Saiba que Deus não se alegra com a destruição dos pecadores, pois Ele ama cada pessoa individualmente. No entanto, a justiça exige que o preço do pecado seja pago. Por isso, Ele enviou Jesus para nos oferecer uma segunda chance. "Porque Deus tanto amou o mundo que deu o seu Filho Unigênito, para que todo o que nele crer não pereça, mas tenha a vida eterna" (Jo 3:16 – NVI). Mas perceba o contraponto: Deus não se agrada da morte do ímpio, mas na morte dos seus, os santos, ele os aguarda. "Preciosa é à vista do Senhor a morte dos seus santos" (Sl 116:15 – ACF).

Eu preciso ter medo do inferno? Dependendo, você mesmo pode responder essa pergunta. Como está sua vida atualmente? Se você fosse pesado na balança de Deus, seria achado em falta ou não? Avalie sua vida neste momento, será que você está bem?

Eu acredito que a maioria das pessoas irá para o inferno, a contar toda a história do mundo. No inferno haverá mais pessoas do que no céu. Poucos justos foram encontrados em Sodoma e Gomorra; uma cidade inteira foi dizimada, pois não havia dez justos sequer na cidade inteira (Gn 18:32); apenas a Ló e sua família, que ainda assim ficou incompleta pelo pecado de sua mulher, que olhou para trás e também morreu.

Não pense que por estar congregando em uma igreja isso lhe faz justo diante de Deus. No inferno haverá pastores, líderes e muitos outros que se corromperam pela sua carne. "Assim, aquele que julga estar firme, cuide-se para que não caia!" (1Co. 10:12 – NVI). Quantos já caíram em escândalos, traições, roubos, orgulho e fama? Esses muitos são aqueles cujo pecado foi exposto. Agora imagine quantos temos nos dias atuais, em oculto, que vivem escondendo seus pecados. Mas, cedo ou tarde, o que está oculto será revelado. E, talvez, quanto mais tempo demorar, menos tempo haverá para arrependimento. Se esse é o seu caso, cedo ou tarde você será descoberto e você tem motivos de sobra para temer o inferno, pois você está indo para lá, sua passagem já está comprada.

Talvez sua cosmovisão continue ainda não crendo no inferno, ainda pode estar dizendo que é uma utopia, uma fantasia! Você continuará com seus pecados sem achá-los tão graves e que, no final, a "hipergraça" lhe salvará. Saiba que o seu professor pode ser Satanás, que conhece mais de teologia do que qualquer homem, e que pode convencê-lo dizendo que muitas verdades são mentiras. Afinal, ele é o rei do engano. **Melhor do que tirar uma pessoa da "igreja"** é deixá-la lá enganando a si mesma, vivendo a sua teologia falsa achando que é real!

Mas, se há arrependimento e confissão de pecado em sua vida, você é tornado justo pelo Senhor, suas orações são respondidas e você é bem-sucedido em tudo o que faz. "Portanto, confessem os seus pecados uns aos outros e orem uns pelos outros para serem curados. A oração de um justo é poderosa e eficaz" (Tg 5:16 – NVI). No momento em que você confessa e se arrepende, você é justificado por Jesus. Não há mais acusação contra você e não há que temer. Você pode clamar e será ouvido, sua oração será eficaz e seu destino será o céu.

Quem é justo não teme o inferno, mas anseia pela eternidade; não teme morrer, pois sabe que morrer é lucro. A morte para o crente fiel é o início da vida perfeita. E de uma vida que não conhecemos ainda, pois não é como esta vida cheia de dores, tempestades, doenças e maldade. Mas uma vida perfeita, como diz o último livro da Bíblia: "Ele enxugará dos seus olhos toda lágrima. Não haverá mais morte, nem tristeza, nem choro, nem dor, pois a antiga ordem já passou" (Ap 21:4 – NVI). Para o cristão, a morte é o funeral de todas as suas tristezas e males, e a ressurreição de todas as suas alegrias.

ESTAMOS NA TERRA, MAS PERTENCEMOS AO CÉU

"Vamos dizer boa noite aqui e bom dia lá em cima."

John R. Rice

Perceba que, quando Deus chama Abraão e faz promessas para ele, uma das principais é: "Farei de ti uma grande nação!". Em Gênesis, capítulo 15, versículo 5, Deus chama Abraão e pede algo inusitado para ele, pede que ele olhe as estrelas do céu e conte-as. Então, diz que assim seria sua descendência. No capítulo 22, versículo 17, Deus promete abençoar e multiplicar a sua descendência como as estrelas do céu e como a areia na praia do mar. É interessante esse paralelo feito por Deus entre as estrelas e a areia, pois uma coisa está no céu e a outra, na terra. Ora, sabemos que Deus nos fez do barro, ou seja, algo da terra, que também sabemos que ficará aqui na terra, o pó voltará ao pó. Mas Deus fala primeiramente sobre o céu e, depois, sobre algo da terra.

Porque o céu é infinitamente superior às coisas da terra; na prioridade de Deus o céu vem primeiro. E é assim desde a criação. Em Gênesis, capítulo

1, versículo 1, está escrito que Deus criou o céu e depois a terra. Tudo que vem do alto é superior, e é por isso que devemos buscar as coisas do alto. "Busquem, pois, em primeiro lugar o Reino de Deus e a sua justiça, e todas essas coisas lhes serão acrescentadas" (Mt 6:33 – NVI).

Nós fomos formados por algo da terra, barro foi esse ingrediente. Mas após Deus nos formar, algo do céu foi colocado em nós. Deus soprou a vida d'Ele em nós, Ele soprou seu espírito, e então nos tornamos seres viventes. É por isso que a Bíblia nos diz que o pó volta para o pó, mas o Espírito voltará para Deus. "E o pó volte à terra, como o era, e o espírito volte a Deus, que o deu" (Ec 12:7 – ACF).

Nós estamos na terra, mas o nosso destino final é o céu. Por isso devemos buscar as coisas lá de cima, pois estamos nos alimentando daquilo que será nossa eternidade. Buscamos isso, nos preparamos para isso, precisamos desejar isso. Como diz: "Ele fez tudo apropriado a seu tempo. **Também pôs no coração do homem o anseio pela eternidade;** mesmo assim este não consegue compreender inteiramente o que Deus fez" (Ec 3:11 – NVI).

Que coisa poderosa e esclarecedora. Tem um sentimento dentro de nós por algo que não é desta terra. No fundo, se você parar para pensar, há um anseio em você para sair daqui, ter algo a mais, infinitamente superior a este plano em que vivemos. Há um anseio em nós pela eternidade. Isso acontece quando buscamos as coisas do alto! É inevitável. Mas sabemos que temos um propósito aqui na Terra, temos o nosso tempo aqui e que ele está nas mãos de Deus, pois todos os nossos dias foram contados por Ele.

Um grupo de cientistas na Austrália disse que existem mais estrelas no Universo do que grãos de areia em todos os desertos e praias do mundo. Segundo o diretor da Escola de Astronomia e Astrofísica da Austrália, Simon Driver, existem pelo menos 70 septiliões (ou seja, 70.000.000.000.000.000.000.000) de estrelas no Universo – **cerca de dez vezes o número estimado de grãos de areia na terra.**[9] E ele afirma que esse número não é total; embora esse seja o mais amplo estudo de contagem de estrelas, esse número pode ser muito maior. Mas o que me chama a atenção é que esse cálculo é cerca de dez vezes maior que o número de grãos de areia na terra. Isso é realmente impressionante e nos prova, mais uma

---

9. BBC Brasil.com. Estudo: há mais estrelas do que grãos de areia. *Portal BBC Brasil*, Rio de Janeiro, 22 jun. 2003. Disponível em: https://www.bbc.com/portuguese/ciencia/story/2003/07/030722_estrela2cg. Acesso em: 8 fev. 2025.

vez, que tudo que está no céu e vem do céu é infinitamente superior às coisas da terra. **Se você está em Cristo, em breve você estará no céu!**

Mas como será lá no céu? Talvez muitos pensem que será um lugar monótono, um lugar em que apenas viveremos sem qualquer atividade, quase como um estado de sono e profundo descanso. É claro que o céu é um lugar de descanso, mas no sentido de não haver mais o cansaço do nosso corpo, pois teremos um corpo novo, glorificado, em que não há qualquer tipo de desgaste. Mas também descanso de todo o sofrimento e da dor deste mundo; no céu não haverá notícias ruins, não haverá tristeza alguma, não terá espaço algum para qualquer corruptibilidade.

O céu será um lugar de permanente motivação, pois Cristo estará lá. As recompensas e prazeres serão infinitamente superiores a qualquer momento de maior êxtase desta terra. Talvez um dos maiores momentos de alegria que possamos ter aqui seja o do nosso casamento, em que celebramos a união com a pessoa que tanto amamos e desejamos. Ou o momento do nascimento de nossos filhos, uma alegria que nem sabemos descrever, pegar em nossos braços a nossa geração, fruto do amor de um pai e uma mãe. Mas todas essas alegrias extremas vividas aqui não chegam aos pés da alegria do céu. Imagine que estaremos vivendo uma eterna união com o nosso noivo amado, todos os filhos juntos com o seu pai. Se na Terra Deus nos proporciona tanta maravilha e refrigério, imagine o que Ele tem preparado para nós na eternidade com Ele.

Para muitos incrédulos, o céu não passa de uma utopia, que é uma ideia de pura fantasia do ser humano, algo de que falamos apenas como uma válvula de escape deste mundo terrível. Mas o céu definitivamente não é uma alegoria. A Bíblia nos deixa muito clara a sua existência. O próprio Cristo nos fala sobre esse lugar.

"— Que o coração de vocês não fique angustiado; vocês creem em Deus, creiam também em mim. Na casa de meu Pai há muitas moradas. Se não fosse assim, eu já lhes teria dito. Pois vou preparar um lugar para vocês. E, quando eu for e preparar um lugar, voltarei e os receberei para mim mesmo, para que, onde eu estou, vocês estejam também. E vocês conhecem o caminho para onde eu vou. Então Tomé disse a Jesus: — Não sabemos para onde o Senhor vai. Como podemos saber o caminho? Jesus respondeu: — Eu sou

> *o caminho, a verdade e a vida; ninguém vem ao Pai senão por mim." (João 14:1-6 – NAA).*

Nesse texto escrito pelo apóstolo João, Jesus diz que prepararia um lugar para nós com Ele. Em Apocalipse, o mesmo autor diz que viu esse lugar pronto.

> *"E vi novo céu e nova terra, pois o primeiro céu e a primeira terra passaram, e o mar já não existe. Vi também a cidade santa, a nova Jerusalém, que descia do céu, da parte de Deus, preparada como uma noiva enfeitada para o seu noivo.*
>
> *Então ouvi uma voz forte que vinha do trono e dizia: — Eis o tabernáculo de Deus com os seres humanos. Deus habitará com eles. Eles serão povos de Deus, e Deus mesmo estará com eles e será o Deus deles. E lhes enxugará dos olhos toda lágrima. E já não existirá mais morte, já não haverá luto, nem pranto, nem dor, porque as primeiras coisas passaram.*
>
> *E aquele que estava sentado no trono disse: — Eis que faço novas todas as coisas. E acrescentou: — Escreva, porque estas palavras são fiéis e verdadeiras.*

> *Disse-me ainda: — Tudo está feito! Eu sou o Alfa e o Ômega, o Princípio e o Fim. Eu, a quem tem sede, darei de graça da fonte da água da vida. O vencedor herdará estas coisas, e eu serei o Deus dele e ele será o meu filho." (Apocalipse 21:1-7 - NAA).*

O apóstolo Paulo relatou que, estando em oração, foi arrebatado ao paraíso, onde ouviu palavras *inefáveis* ou, em outras traduções, *inexprimíveis*, que outros mortais não poderiam ouvir. Não há dúvida de que ele viveu essa experiência de estar nas regiões celestiais. Ele declarou ter estado no terceiro céu, e o que ele viu lá e ouviu não é permitido mencionar a homem algum, talvez, creio eu, que as linguagens humanas não eram suficientes para descrever.

Ao homem foi permitido o acesso ao primeiro céu, o atmosférico, que foi desbravado pelo homem, em que milhares de aviões andam por ele entre as nuvens. Também foi permitido o acesso a uma pequena parte do segundo céu, o céu estratosférico ou espaço sideral. O homem conhece muito pouco diante do tamanho do universo, que possui milhares de galáxias e, em cada galáxia, existem milhares de estrelas.

Mas, o terceiro céu, só tem uma forma de chegar lá. E não é de avião ou espaçonave. A passagem é única e exclusiva, só tem um caminho para chegar: "Disse-lhe Jesus: Eu sou o caminho, a verdade e a vida; ninguém vem ao Pai, senão por mim" (Jo 14:6 – ACF).

Na Epístola aos Efésios, Paulo faz menção à igreja de Cristo, que está assentada nas regiões celestiais (Ef 1:3). Nessa passagem não há qualquer espécie de simbologia porque é real o que acontecerá, todos os santos estarão na companhia de Cristo Jesus nos céus.

Não sabemos e não entendemos como será de fato, mas, como está escrito: "Olho nenhum viu, ouvido nenhum ouviu, mente nenhuma imaginou o que Deus preparou para aqueles que o amam" (1Co 2:9 – NVI). No entanto, temos a certeza de que é real, está preparado e será glorioso. Um dia toda dor e angústia acabarão; seremos levados para o nosso lugar final, que o Senhor tem nos preparado, onde desfrutaremos de gozo eterno, louvando e adorando-O com todas as classes de anjos. Que grande dia será! Que você anseie pela eternidade! O apóstolo João nos descreve um pouco a adoração no céu.

> "Depois destas coisas, olhei, e eis que havia uma porta aberta no céu. E a primeira voz que ouvi, que era como de trombeta ao

falar comigo, disse: — Suba até aqui, e eu lhe mostrarei o que deve acontecer depois destas coisas. Imediatamente eu me achei no Espírito, e eis que havia um trono armado no céu, e alguém estava sentado no trono. E esse que estava sentado era semelhante, no aspecto, à pedra de jaspe e ao sardônio, e ao redor do trono havia um arco-íris semelhante, no aspecto, à esmeralda. Ao redor do trono havia também vinte e quatro tronos, e neles estavam sentados vinte e quatro anciãos, vestidos de branco e com coroas de ouro na cabeça. Do trono saíam relâmpagos, vozes e trovões, e, diante do trono, estavam acesas sete tochas de fogo, que são os sete espíritos de Deus. Diante do trono havia algo como um mar de vidro, semelhante ao cristal. No meio do trono e à volta do trono havia também quatro seres viventes cheios de olhos por diante e por detrás. O primeiro ser vivente era semelhante a um leão, o segundo era semelhante a um novilho, o terceiro tinha o rosto semelhante ao de ser humano e o quarto ser vivente era semelhante à águia quando está voando. E os quatro seres viventes, tendo cada um deles, respectivamente, seis asas, estavam cheios de olhos, ao redor e por dentro. Não tinham descanso, nem de dia nem de noite, proclamando: "Santo, santo, santo é o Senhor Deus, o Todo-Poderoso, aquele que era, que é e que há de vir." Sempre que esses seres viventes davam glória, honra e ações de graças ao que está sentado no trono, ao que vive para todo o sempre, os vinte e quatro anciãos se prostravam diante daquele que está sentado no trono, adoravam o que vive para todo o sempre e depositavam as suas coroas diante do trono, proclamando: "Tu és digno, Senhor e Deus nosso, de receber a glória, a honra e o poder, porque criaste todas as coisas e por tua vontade elas vieram a existir e foram criadas." (Apocalipse 4:1-11 – NAA).

"A morte não é um castigo para o crente, é a porta da alegria sem fim."

Charles Spurgeon

UMA EXPERIÊNCIA MARCANTE

Uma das experiências mais marcantes da minha vida aconteceu há pouco tempo com o meu padrasto. Meu padrasto ficou muito doente e, ao longo dos anos, ele foi piorando cada vez mais, ficando mais de cinco anos acamado. Eu e minha esposa, Sula, ajudávamos a trocar fraldas, alimentá-lo, movimentá-lo, sendo dependente para tudo, pois também estava cego devido à doença, e essa situação perdurou por muitos anos.

Ele foi criado na igreja desde muito jovem, e me contava suas muitas experiências com Deus e o quanto era usado pelo Senhor. Mas, nos últimos anos, ele estava longe de congregar, estava desviado há, pelo menos, vinte anos. Quando adoeceu, suas enfermidades foram muito agressivas, levando-o a, em pouco tempo, ficar acamado e, muitas vezes, até mesmo sua consciência era afetada. Lembro que nesse período em que ele estava na cama, existia uma guerra espiritual muito grande na vida dele. Por inúmeras vezes, pessoas da igreja iam visitá-lo e orar por ele, pois minha mãe e eu nunca deixamos de nos congregar. Em muitas dessas visitas, ele não aceitava oração, ele não repetia e até mesmo xingava as pessoas que, de bom grado, iam lá visitá-lo e orar por ele.

Também passei por situações como essa no hospital, ele xingando enfermeiras e médicos; eram momentos bem vergonhosos, mas eu sabia que era uma questão espiritual sobre a vida dele. Eu me recordo de que, um dia, o Espírito Santo me levou a orar por ele, e minha oração foi a seguinte: "Deus, eu tenho ajudado tantas pessoas a te conhecer, levando o Evangelho, amando e ensinando. Quantos entregaram sua vida a Ti por meio da minha vida, mas estou diante dessa situação dentro da minha casa. Eu não consigo aceitar que alguém dentro da minha casa perca a salvação. Faça uma obra grandiosa na vida do meu padrasto. Tenha misericórdia dele, faça algo, Senhor, para Tua glória". Fiz essa oração no domingo à tarde, e Deus operou um grande milagre ainda naquela madrugada. A situação dele era muito imprevisível, ele poderia viver muitos anos ainda ou partir em qualquer momento, não tinha como saber. Naquela mesma madrugada, eu acordei às 3h sem sono, virando de um lado para o outro; então, entendi que Deus queria falar alguma coisa comigo. Quando me levantei da cama, eu percebi que a Sula, minha esposa, já não estava mais na cama também.

Encontrei-a na sala, e ela também me relatou que não conseguia dormir. E, naquele instante, eu falei pra ela que Deus estava fazendo algo e que eu iria ver como estava o meu padrasto. Ele e minha mãe moravam na casa dos fundos, no mesmo pátio. Quando eu falei isso, escutei a voz dele chamando a minha mãe e decidi não ir mais até lá; estava tudo bem com ele. Ficamos conversando no sofá por cerca de 40 minutos; depois, resolvi ir, mesmo assim, verificar como ele estava. Chegando lá, minha mãe, já idosa e bem cansada, estava dormindo no sofá. Fui até o quarto e me deparei com uma situação bem estranha; ele estava bem, conversei com ele, mas ele tinha vomitado, e era um vômito preto, diferente de outras vezes.

Minha esposa, ao chegar, me disse para voltar para nossa casa e ficar com nosso filho, que ela iria limpá-lo. Passados alguns minutos, a Sula entrou em nossa casa chorando, desesperada. Eu perguntei o que havia acontecido, e ela me respondeu, aos prantos: "Teu pai está morrendo!". Eu disse: "Mas como assim está morrendo?". Ela me respondeu: "Sim, porque ele repetiu toda a oração que eu fiz com ele, oração de confissão de pecados, de arrependimento. Ele repetiu toda a oração e agora ele só fala algumas palavras, que são: "Jesus, me leva! Jesus eu quero morar contigo!".

Corri para lá e me deparei exatamente com a cena descrita pela Sula, ele falando repetidamente "Jesus me leva! Jesus eu quero morar contigo!". Ele repetia essas palavras várias vezes, quase gritando. Então, eu peguei na sua mão e disse: "Sim, você vai morar com Jesus!". E ele, percebendo que eu estava lá, me chamava pelo meu segundo nome, como era de costume e como sou chamado em minha família. Ele dizia, chorando e com o coração transbordando de uma alegria que eu nunca tinha visto antes: "Lucas, eu quero morar com Jesus! Lucas eu quero morar com Jesus!". E continuava: "Jesus, me leva! Jesus eu quero morar contigo!".

Estávamos aguardando a chegada de socorro, pois já tínhamos ligado para o SAMU, mas não deu tempo. Estávamos no quarto eu, Sula e minha mãe, quando, de repente, aconteceu algo muito impactante. Ele, mesmo sem enxergar, fixou seus olhos para sua frente e começou a gritar: "**Eu estou vendo! Eu estou vendo! Eu estou vendo Jesus! Ele é lindo!**". E começou a repetir mais algumas vezes, "Jesus, me leva! Jesus, me leva! Eu quero morar contigo!", até dar seus últimos suspiros e descansar.

Ele morreu em nossos braços e foi direto para os braços de nosso salvador Jesus. Foi algo muito impactante; ele teve a visão de Jesus antes de morrer; ele foi salvo aos 45 minutos do segundo tempo. Eu imagino que, diante da visão de Jesus vindo buscá-lo, o único desejo dele era ir morar com Jesus naquele mesmo instante.

Isso marcou muito nossas vidas, e eu entendo que, se nós pudéssemos compreender o que é eternidade, o que nos aguarda, com certeza nós gritaríamos desesperados: "Jesus, me leva! Eu quero morar contigo!".

Que nós possamos ansiar pela eternidade, sonhar com a eternidade, crer na eternidade!
Um dia, veremos o nosso Jesus também! E que grande dia será!

grupo novo século

Compartilhando propósitos e conectando pessoas
Visite nosso site e fique por dentro dos nossos lançamentos:
www.novoseculo.com.br

Ágape

Editora Ágape
@agape_editora
@editoraagape
editoraagape

agape.com.br

Edição:
Tiragem:
Fonte: Lora